Der labert wieder

Reisetagebuch einer Kreuzfahrt

Volker Baumann

Impressum

© 2015 Volker Baumann

Printed in Germany

Herstellung und Verlag:

BoD - Books on Demand, Norderstedt

ISBN 978-3-7392-4761-8

Dieses Buch widme ich meiner Liebe Claudia, die durch ihre akribische Suche diesen traumhaften Urlaub ermöglicht hat.

Danke, Schatz.

In Gedenken an Stefan. Du fehlst uns!

Inhaltsverzeichnis

Vorwort 7
Vorbereitung 8
1. Reisetag, Anreisetag 10
2. Reisetag, 1. Seetag (von Hamburg nach Dover) 23
3. Reisetag, Dover 27
4. Reisetag, Le Havre 36
5. Reisetag, 2. Seetag (von Le Havre nach Ferrol) 45
6. Reisetag, Ferrol 48
7. Reisetag, 3. Seetag (von Ferrol nach Lissabon) 57
8. Reisetag, Lissabon 60
9. Reisetag, Lissabon 75
10. Reisetag, Cádiz 84
11. Reisetag, Tanger 92
12. Reisetag, Casablanca 101
13. Reisetag, 4. Seetag (von Casablanca nach Arrecife) 111
14. Reisetag, Lanzarote (Arrecife) 114
15. Reisetag, Santa Cruz de Tenerife 119
16. Reisetag, Gran Canaria (Las Palmas), Rückreise 124
Persönliches Fazit einer sehr schönen AIDAstella-Reise 127

Vorwort

Für viele ist es ein Traum, mal ein eigenes Buch zu schreiben, so auch für mich. Ich wollte es schon immer mal, hatte auch viele Ideen, aber so richtig klappte es dann doch nicht.

Inspiriert durch ein Buch über AIDA-Erlebnisse aus dem Jahre 2007, beschloss ich, unsere AIDA-Reise auch in einem Tagebuch zu verewigen. So mein Vorsatz. Ich hatte auch angefangen, unsere Vorbereitung zu dieser Reise festzuhalten, machte dann aber vier Wochen vor Reisebeginn keine Notizen mehr und zweifelte daran, dass ich es doch schaffe, mein Buch zu schreiben.

Ich nahm dennoch mein zurechtgelegtes Notizheft mit und wollte es zumindest versuchen. An Bord hatte ich dann in den ersten Tagen echte Schwierigkeiten, meine Notizen niederzuschreiben, aber von Tag zu Tag wurde es besser. So bekam ich doch genügend Material zusammen, um nun dieses Reisetagebuch zu schreiben. Ich hoffe, es gefällt Euch. Viel Spaß beim Lesen!

Frühjahr 2015

Vorbereitung

Nun war es endlich soweit, die AIDA-Reise war gebucht. Westeuropa 11 vom 30.08.2014 – 15.09.2014 sollte es sein. Meine erste Kreuzfahrt, und dann direkt 16 Tage! Ich war zwar schon mal auf einer Schiffstour, aber es waren immer nur Reisen mit einer Übernachtung. Nun sollten es direkt 16 Tage sein. Die Route versprach eine sehr interessante Reise. Wir starteten in Hamburg und sollten mit der AIDAstella nach Gran Canaria; dabei sollten wir folgende Städte / Häfen anfahren: Dover, Le Havre, Ferrol, Lissabon, Cádiz, Tanger, Casablanca, Arrecife, Santa Cruz und Las Palmas. Für die Anreise nach Hamburg hatten wir den Zug gebucht, die Rückreise erfolgte mit dem Flugzeug nach Düsseldorf.

Wir freuten uns sehr auf diese Reise, ein hoffentlich unvergessliches Vergnügen.

Was nun folgte, waren acht Wochen schönster und spannender Vorbereitung und Planung. Es sollte wohlüberlegt sein, was und wieviel wir in den einzelnen Städten unternehmen wollten. Denn es sollte nach wie vor Urlaub sein.

Wie aber sind wir bei der Planung vorgegangen? Zum einen gab es das reichhaltige Angebot von AIDA, voll durchorganisiert, aber dafür auch teurer. Da wir aber nicht mit einer unbekannten Anzahl von Bussen durch die Städte transportiert werden wollten, suchten wir in unseren Planungen auch nach Möglichkeiten, örtliche Reiseführer in Anspruch zu nehmen. Hierzu eignete sich die Internetseite www.wasserurlaub.info. Hier werden nicht nur Informationen über verschiedenste AIDA-Reisen veröffentlicht, sondern auch persönliche Erfahrungen einzelner Passagiere über Schiffe, Zimmerausstattung, Häfen, Ausflugsziele etc. eingetragen. Abgerundet werden die Informationen auf der Internetseite durch ein Forum speziell zu unserer Reise. Hier konnten schon vorab Interessen und Informationen ausgetauscht sowie ein Fan-Treffen organisiert werden.

Schlussendlich buchten wir zwei Ausflüge über AIDA. Zum einen London – zu Land und zu Wasser – und einen Besuch in Europas größten Wasserpark, „Siam", auf Teneriffa. Für die restlichen Orte überlegten wir uns Touren auf eigene Faust, aber dazu später mehr. Nun freuten wir uns sehr auf unsere Reise und sehnten den Anreisetag herbei.

1. Reisetag, Anreisetag

Der große Tag war gekommen! Wir reisten nach Hamburg, zur AIDAstella. Auf der AIDA starteten wir unsere 16-tägige Kreuzfahrt nach Gran Canaria. Wir waren sehr gespannt und freuten uns auf 9 verschiedene Häfen in 5 verschiedenen Ländern.

Die Reise begann für uns am Samstag um 9:00 Uhr. Mein Vater holte uns ab und brachte uns zum Essener Hbf. Essen deshalb, weil die Preisgrenze der AIDA-Hinreise-Tickets genau zwischen Duisburg und Essen verlief. Um 9:25 Uhr am Essener Hbf. angekommen, versorgten wir uns mit ein paar Zeitschriften und Brötchen für die Zugfahrt. Den Sekt hatte ich schon ein paar Tage vorher gekauft und im Kühlschrank kalt gestellt. Unser IC verließ Essen pünktlich um 9:53 Uhr zur dreistündigen Fahrt nach Hamburg.

Wir erlebten eine ruhige Zugfahrt, voller Vorfreude auf unsere erste Kreuzfahrt. Diese Freude stieg von Minute zu Minute.

Um 13 Uhr fuhren wir in Hamburg Hbf. ein. Kurz bevor wir den Bahnhof erreichten, sahen wir im Hafen eine AIDA liegen, konnten aber den Namen nicht lesen. War das vielleicht unsere AIDAstella? Wir hatten im Vorfeld erfahren, dass an diesem Tag zwei verschiedene AIDA-Schiffe Hamburg verlassen würden, unsere AIDAstella und die AIDAsol.

Wie sich später herausstellte, war die AIDA, die wir entdeckt hatten, die AIDAsol; unsere AIDAstella lag in Altona im „Altona Cruises Terminal", also etwas außerhalb von Hamburg. Dorthin sollten wir mit dem Transferbus gebracht werden.

Aus dem Zug ausgestiegen, suchten wir den Ausgang Wandelhalle, denn dort sollte unser Gepäck aufgenommen und zum Schiff gebracht werden. Lange suchen mussten wir nicht, sondern einfach nur den vielen Menschen folgen, die einen AIDA-Anhänger am Koffer hatten. Diese waren groß genug und in verschiedenen Farben. Also wollten wir uns den AIDA-Passagieren anschließen und brachten noch auf dem Bahnsteig unsere Kofferanhänger an. Jetzt gehörten wir, zumindest für die nächsten 16 Tage, zur „AIDA-Familie". Nun also den übrigen Familien-Mitgliedern hinterher! Draußen vor dem Bahnhof sahen wir zwei Transporter und dahinter das AIDA-Personal an zwei verschiedenen AIDA-Aufstellern. Die beiden AIDA-Mitarbeiter hielten jeweils eine AIDA-Hinweistafel mit dem Namen des jeweiligen Schiffes hoch, zu dem der Transporter die Koffer hinbringen würde. Die Schlange der Passagiere hinter den Transportern war mittlerweile so lang, dass sogar die Bahnpolizei dafür sorgen musste, dass ein Korridor für die übrigen Reisenden freigehalten wurde. Die gesamte Abwicklung ging sehr zügig voran, so dass wir sehr schnell unsere schweren Koffer loswurden.

Wir waren schon gespannt, ob wir unsere Koffer auf dem Schiff in unserer Kabine wiedersehen würden.

Nur noch mit unserem Handgepäck beladen, machten wir uns auf den Weg zum nahegelegenen Busbahnhof, denn dort sollten die AIDA-Transfer-Busse abfahren. Im ersten Bus waren noch zwei Plätze frei, Glück gehabt! Wir mussten also nicht noch länger warten.

Doch bevor der Bus losfahren konnte, mussten zwei Passagiere wieder aussteigen, die in den falschen Bus eingestiegen waren.

AIDA, wir kommen! Die 20-minütige Fahrt durch Hamburg zeigte uns wieder einmal, wie schön Hamburg ist, und bestärkte unsere Entscheidung, baldmöglichst Hamburg mal wieder zu besuchen. Am Altona Terminal Cruise stand sie nun, die AIDAstella. Schon sehr imposant, wie das Schiff dort lag.

Am Terminal ging die Abfertigung sehr zügig voran, eine gute AIDA-Organisation. Eine freundliche, sympathische AIDA-Mitarbeiterin der Crew (an Bord war sie Friseurin) scannte unsere Ausweise ein, zwecks Foto-Abgleich für das Ein- und Auschecken an Bord. Danach mussten wir noch angeben, wie wir unsere Abschlussrechnung an Bord bezahlen wollten; auch erledigt. Zum Schluss bekamen wir unsere Bordkarten, der Urlaub an Bord konnte beginnen. Die Bordkarte würde in den nächsten Tagen unsere wichtigste Karte sein, fürs Ein- und Auschecken, aber auch fürs Bezahlen an Bord.

Auf dem Weg zum Schiff schnell noch durch die Sicherheitsschleuse, hier kommt die Bordkarte zum ersten Mal zum Einsatz. Anschließend die Gangway hoch. In der Mitte der Gangway erwartete uns dann etwas, was uns die ganze Reise begleiten sollte: „Ein Foto bitte". Flankiert von zwei Matrosinnen, wurde ein Begrüßungsfoto von uns gemacht. Jetzt aber an Bord! Stopp, erst noch der elektronische Check-in mit der Bordkarte. Jetzt aber endlich an Bord!

Als erstes suchten wir unsere Kabine. Unsere Innenkabine lag auf dem vierten Deck. Da der Eingang auf dem fünften Deck lag, brauchten wir nur die Treppe hinunter steigen und den richtigen Gang finden. Und schon standen wir vor unserer Kabine. Unsere Koffer waren zwar noch nicht da, aber es war ja auch noch genügend Zeit bis zur Abfahrt. Mittels Bordkarte öffneten wir die Tür, und schon standen wir mitten drin in unserer Kabine für die nächsten 16 Tage. Eine überschaubare Kabine, aber sehr zweckmäßig eingerichtet. Es war alles da, was wir für unsere Reise benötigten. Wir nutzten die Kabine ja auch nur zum Schlafen und Umziehen. Schnell unser Handgepäck abgestellt und dann die vielen Begrüßungsschreiben gelesen, die AIDA schon in unserer Kabine hinterlegt hatte. Die Gutscheine unserer gebuchten AIDA-Reisen sowie der Cocktail-Workshop lagen ebenfalls parat. Meine persönlichen Bestellungen als Überraschung für Claudia waren noch nicht da, aber da machte ich mir keine Sorgen, die würden sicherlich noch kommen.

Okay, dann wollen wir mal das Schiff erkunden. Bei den Begrüßungsschreiben lag auch ein faltbarer Schiffsplan, der uns in den nächsten Tagen sehr hilfreich sein würde. Denn das Schiff mit seinen 15 Decks war doch sehr groß, und ein wirkliches Auskennen ist erst nach den ersten drei bis vier Tagen vorhanden.

Wir befanden uns auf Deck 4, unter uns befanden sich auf Deck 3 das Schiffs-Hospital und eine Bar. Zusätzlich befand sich hier auch die Basis der Taucher, Schnorchler und Biker. Auf dem 5. Deck befanden sich die Rezeption und der Hauptausgang sowie die Treffpunkte für den Ernstfall, den wir nie zu erleben hofften. Wir fuhren dann erstmal zu Deck 9. Auf Deck 6 bis Deck 8 gab es ausschließlich Kabinen. An Deck 9 befanden sich die unteren Reihen und die Bühne des Theatriums, der Ausflugs-Corner, die Stella Bar, das AIDA Studio, die Kunstgalerie, der AIDA Shop, die Vinothek und das Markt-Restaurant. Da die einzelnen Shops noch geschlossen hatten, holten wir uns in der Vinothek erst einmal die bestellten Getränkegutscheine. Für die Anmeldung zum Cocktail-Workshop mussten wir zur Pool-Bar. Das Theatrium machte einen hochprofessionellen Eindruck und konnte sicherlich mit so manchem Fernseh-Studio mithalten. Dann wollten wir zu Deck 10, denn dort befand sich auch die Pool-Bar. Auf Deck 10 gab es neben der zweiten Zuschauerreihe des Theatriums noch folgende Einrichtungen: die AIDA Bar, AIDA Lounge, die Bibliothek, das Kasino, der Ausflugs Counter, der Foto-Shop, die Reiseberater, das Café Mare, das Buffalo Steak House, das Brauhaus, das Bella Donna Restaurant und die Destille. Wir fuhren weiter zu Deck 11. Hier war die oberste Zuschauerreihe des Theatriums und zusätzlich das Sonnendeck mit Bühne, das 4D-Kino, der Biking Counter, die Sushi-Bar, die Timeout Bar, der Tauch Counter, Body & Soul Sport, das Blütenmeer, der California Grill, das East Restaurant, das Rossini Restaurant, die Beach Bar, ein Konferenzraum und der Golf Counter.

Am Rossini Restaurant schauten wir uns die Speisekarte und die Planungen für die Reise an. Denn Claudia hatte mir einen gemeinsamen Abend im Rossini zum Geburtstag geschenkt.

Das Gourmetrestaurant Rossini kann nur durch Buchung benutzt werden. Es gehört nicht zu den Restaurants, die im Preis inbegriffen sind. Im Rossini gibt es eine Auswahl an sehr exquisiten Menüs – oder man speist einfach á la carte. Das Essen und die Getränke müssen bezahlt werden. Dafür erhält man ein erstklassiges Gourmetessen, wird persönlich bedient und kann einen leckeren Wein genießen. Und dieses Erlebnis durften wir, dank Claudia, an einem Abend erleben. Uns fiel das Event „Rossini einmal anders" auf, das sehr vielsprechend aussah. Leider machte der Rossini Reservierungs-Counter erst abends um 18 Uhr auf, so dass wir uns nicht weiter über die Leistungen des Rossini Restaurants erkundigen konnten.

Wir fuhren erst einmal zu Deck 12. Hier fanden wir das Sonnendeck, den Body & Soul Spa Bereich, den Jogging Parcours, den Friseur, das HYPE, die Anytime Bar, die Ocean Bar und die Pool Bar. An der Pool Bar buchten wir unseren Cocktail Workshop für den 4. Seetag.

Anschließend gingen wir zur Rezeption des Body & Soul Spa Bereiches und meldeten uns dort für den 1. Seetag an, denn zwischen Hamburg und Dover war nicht wirklich mit Sonne zu rechnen. An den anderen Seetagen erwarteten wir mehr Sonne, daher suchten wir uns diesen Tag zur Entspannung aus. Nun schauten wir uns den Außenbereich des Schiffes etwas genauer an und waren von der Größe des Schiffes beeindruckt, aber das muss es ja auch bei 2500 Passagieren.

Wir gingen zur Ocean-Bar, die schon geöffnet hatte, wo wir unsere ersten beiden Biermarken gegen zwei gekühlte Biere eintauschten.

Der Vollständigkeit halber sei hier noch erwähnt, dass sich auf Deck 14 die Wellness Oase, der Wintergarten, die LED-Videoleinwand und das Sportaußendeck befand. An Deck 15 war der FKK Bereich und noch ein weiteres Sonnendeck.

Nachdem wir alles besichtigt hatten, fuhren wir mit dem Aufzug hinunter zum Deck 4 und gingen in unsere Kabine. An Bord befanden sich insgesamt 10 Aufzüge, davon 6 Aufzüge im vorderen Teil und 4 Aufzüge im hinteren Teil des Schiffes. An unserer Kabine angekommen, standen nun auch unsere Koffer davor. Als wir in die Kabine hineingingen, waren auch meine bestellten Überraschungen für Claudia aufgebaut. Zum einen eine besondere Bel-Rose, eine Rose, die nach einem bestimmten Verfahren konserviert wurde. So soll sie bis zu 5 Jahren halten, ohne dass sie Wasser bekommen muss. Als zweites hatte ich uns das Jetlag Paket bestellt. Eine Flasche Champagner, zwei Dosen RedBull, Pralinen und eine Schale mit Obst. Genau das Richtige, um jetzt auf den schönen Urlaub anzustoßen. Dann packten wir unsere Koffer aus und verstauten die Kleidungsstücke in die Schränke und Regale. Die Koffer konnten wir unter den Betten verstauen, dafür war ausreichend Platz. Zwischendurch immer wieder ein Schluck Champagner. Vielleicht noch ein kleiner Tipp für AIDA-Reisende: Nehmt eine alte, nicht benötigte Plastikkarte in der Größe einer Scheckkarte mit. Diese könnt ihr als Ersatz der Bordkarte in den Stromschacht einsetzen. Somit bleibt eine Klimaanlage auch an, wenn ihr nicht in der Kabine seid. Gerade bei Kabinen ohne Fenster ist es schon sinnvoll, über die Klimaanlage für Sauerstoffaustausch zu sorgen, ob warme oder kalte Luft.

Nachdem alle Kleidungsstücke und die Koffer verstaut waren, ging es aufs Deck 12 zur Anytime Bar. Dort wollten wir die Ausfahrt der AIDAsol, die um 18 Uhr ablegte, verfolgen und deren Passagiere verabschieden, so wie es auf Kreuzfahrten üblich ist. Als die AIDAsol auf unserer Höhe war, gab es ein großes Hallo. Nicht nur winkende und rufende Passagiere machten auf sich aufmerksam, sondern auch die beiden Schiffe verabschiedeten sich gegenseitig mit lautem Gehupe aus dem Signalhorn.

Das war wirklich ein beeindruckendes Erlebnis, welches wir auf vielen Bildern festgehalten haben.

Die Anytime Bar sollte auch ein spontaner Treffpunkt der Forums-Mitglieder (Wasserurlaub.info) sein, aber wir hatten keinen erkannt, was auch schwierig ist, denn viele benutzten Nicknamen im Forum. Es machte sich auch keiner bemerkbar, so dass wir einfach weiter das Auslaufen der AIDAsol beobachteten.

Nachdem die AIDAsol außer Sichtweite war, gingen wir zurück in unsere Kabine, denn etwas später sollte die SNRÜ, die Seenotrettungsübung, stattfinden. Ein Muss für jeden Passagier. Sie wurde angekündigt, damit auch jeder Passagier, gerade auch die Neuen, so wie ich, wussten, was auf sie zukommt. Auf unserer Kabine angekommen, legten wir schon mal vorsorglich unsere Schwimmweste bereit, denn der Alarm 1 x lang und 7 x kurz musste jeden Augenblick ertönen. Und da kam er auch schon. Wir zogen schnell unsere Rettungswesten über und gingen zu unserem Treffpunkt, der auf unserer Bordkarte aufgedruckt war. Es war ein bestimmter Bereich an Deck 5, also hatten wir es ja nicht so weit. An Deck 5 angekommen, gingen wir zu unserem Bereich, wo schon zahlreiche Passagiere aufgereiht standen. Es war schon gut, sich nicht zu beeilen, sondern alles in Ruhe zu machen, denn dadurch waren wir vorne in der Reihe und mussten uns nicht hinten in der Enge an die Schiffswand begeben. Nach kurzer Zeit wurde unsere Kabinennummer aufgerufen und ich bestätigte mit einem lauten „Hier!", dass wir anwesend waren. Wenn alle Kabinennummern von den jeweiligen Passagieren bestätigt werden, wird die Übung für beendet erklärt. Leider gab es auch hier Passagiere, die meinten, dass die Übung für sie nicht zuträfe, weil sie ja schon zum so und so vielten Mal mit der AIDA gefahren sind. Das sind dann die Passagiere, auf die alle anderen warten müssen, damit die Übung endlich beendet werden kann. Gottseidank ging das relativ schnell, und alles war nach 20 Minuten erledigt. Wir gingen wieder zurück zur Kabine, verstauten unsere Schwimmwesten und zogen uns für das Abendessen um. Für das erste Abendessen suchten wir uns das Markt Restaurant aus. Es war am größten, und so erhofften wir uns, dass wir schnell einen freien Platz finden würden. Im Laufe unserer Reise würden wir sicherlich noch alle anderen Restaurants ausprobieren. Am Markt Restaurant angekommen, sahen wir am Eingang die Desinfektionsbehälter, die an allen Restaurants des Schiffes aufgestellt waren, ebenso auch beim Ein- und Ausschiffen vom Schiff.

Die Suche nach einem freien Platz im Markt Restaurant war nicht ganz so einfach, da fast alle Passagiere um diese Zeit essen wollten. Aber dann fanden wir einen leeren Vierertisch, an dem wir Platz nehmen konnten. Ein freundlicher Herr am Nachbartisch half uns mit ersten Tipps, speziell was das Bestellen der Getränke betrifft. Denn hier mussten wir einfach nur dem vorbeikommenden Kellner mitteilen, was wir wünschten. Das galt jedoch nur für Wasser, Weiß- und Rotwein. Alle anderen Getränke konnten wir uns selbst an den einzelnen Getränke-Inseln holen.

Das Büfett war sehr großzügig aufgebaut, es gab für jeden Geschmack etwas. Alle Speisen wurden frisch zubereitet und immer nachgelegt, so dass jeder satt werden musste. Wir ließen es uns schmecken, denn wir hatten ja schon einen langen Tag hinter uns und auch noch nichts Vernünftiges gegessen.

Nach dem Essen gingen wir direkt aufs Deck 12 zum Bug des Schiffes, denn wir wollten das Auslaufen des Schiffes erleben. Vorne angekommen, erklang auch schon das Signalhorn. Drei Mal ertönte es. Dazu erschollen aus allen Lautsprecher des Schiffes zwei spezielle Lieder. Denn jedes Mal, wenn ein AIDA-Schiff einen Hafen verlässt, spielt der Bord-DJ zwei Songs: Zum einen eine Cover-Version des Enya-Titels „Orinoco Flow", der „A.I.D.A." heißt und von Solano eingespielt wurde. Offenbar wollte die Künstlerin Enya es AIDA Cruises nicht zugestehen, das Original zu spielen, weshalb die Reederei auf die Cover-Version zurückgreift. Das zweite Auslauflied, welches die AIDA-Gäste genießen konnten, ist „Sail Away (Instrumental)". Dieses Stück hat Martin Lingnau eigens für AIDA komponiert.

Die AIDAstella verabschiedete sich gebührend von Hamburg und sollte erst zwei Jahre später wieder zurückkehren.

Unsere Kreuzfahrt begann! Es war schon ein tolles Erlebnis, das Auslaufen des Schiffes. Viele Menschen auf dem Schiff winkten den Zuschauern am Quai zu und umgekehrt, Gänsehaut-Feeling pur.

Die Nacht brach herein, und schon bald war von Hamburg nichts mehr zu sehen. Nun begann auch das Programm an Bord. Doch bevor die Begrüßung-Zeremonie im Theatrium stattfand, wurde zunächst das Sekt-Büffet freigegeben. Jeder Passagier konnte sich an den eigens dafür aufgebauten Tischen ein Glas Sekt nehmen und auf die Reise anstoßen. Leider gab es hier schon die ersten typischen Marotten, so will ich es mal nennen, zu beobachten. Denn anstatt wirklich nur ein Glas oder zwei Gläser für sich und seinen Partner/seine Partnerin zu nehmen, beluden sich einige

Gäste mit so vielen vollen Sektgläsern, wie sie tragen konnten. Und dann auch nur, um die Gläser anschließend auf irgendwelchen Tischen stehen zu lassen – und zwar noch voll. Wir hatten uns jeder ein Glas genommen und auf unseren Urlaub angestoßen. Der Sekt hat sehr lecker geschmeckt, eine gute Wahl von AIDA. Nachdem wir ausgetrunken hatten, gingen wir ins Theatrium, denn hier sollte das Abendprogramm stattfinden. Draußen war nicht das richtige Wetter dazu. Im Theatrium begrüßten der Generalmanager und die Eventmanagerin die Passagiere von der Bühne aus. Sie stellten einige der Crew-Mitglieder, stellvertretend für alle, vor, die in den nächsten 16 Tagen für unser Wohlbefinden sorgen sollten. Die Akteure wurden mit viel Beifall bedacht.

Nun kündigte die Schiffsmoderatorin das Show-Ensemble an, das eine sehr gute, hochprofessionelle Show bot. Danach gab es noch eine Laser-Show, die uns zeigte, welche hochmoderne Technik das Schiff auch im Unterhaltungsbereich aufzuweisen hatte. Zum Schluss kam noch der Bord-DJ auf die Bühne, der für unterhaltsame Tanzmusik sorgte, so dass jeder, der mochte, auch sein Tanzbein schwingen konnte.

Wir waren zu müde, schlenderten lieber noch ein paar Schritte übers Schiff und anschließend zur Kabine. An unserer Kabinentür hing die AIDA-Tageszeitung „AIDA heute". Auf einer doppelseitigen DIN A4-Seite wurden Hinweise zum nächsten Tag beschrieben, inkl. aller Öffnungszeiten, An- und Ablegezeiten sowie sonstige Hinweise zur AIDAstella. Diese „AIDA heute" bekam jede Kabine jeden Tag abends an die Kabinentür geheftet. Ein schöner Service, der die notwendigen und wichtigen Informationen direkt zum Passagier bringt. Darüber hinaus gab es auch zu jedem Hafen, der angefahren wurde, die AIDA Hafeninfo. Ebenfalls eine doppelseitige DIN A4-Seite, die abends vor dem jeweiligen Hafen an der Rezeption auslag. Hier gab es nützliche und geschichtliche Informationen zum jeweils angefahrenen Hafen. Neben der „AIDA heute" war die Hafeninfo eine sehr nützliche Lektüre, die wir immer sorgfältig lasen und auch immer mit uns führten. Ich werde in diesem Bericht immer wieder aus den jeweiligen Hafeninfos zitieren, um so auch einen geschichtlichen Hintergrund zu den einzelnen Häfen zu bieten.

Auch zu Hamburg gab es ein Hafeninfo:

„Bereits im 4. Jahrhundert ließen sich nordalbingische Sachsen im Gebiet um die Elbe nieder. Die Besiedlung dauerte bis zum 6. Jahrhundert an. 811 veranlasste Karl der Große den Bau einer Missionarstation. Ziel war die Christianisierung des heidnischen Nordens. Nach dem Tod Karl des Großen ließ sein Sohn, Ludwig der Fromme, eine Fluchtburg zur Sicherung der Kirche und der Einwohner errichten, die sogenannte Hammburg. Im 12. Jahrhundert gewann die Elbe an Bedeutung. Der Handel im nordeuropäischen Raum entwickelte sich. Kaiser Barbarossa räumte der Stadt im 1189 das Recht ein, Zoll auf die Elbe zu erhaben. Hamburg wurde daraufhin freie Reichsstadt.

Nachdem Hamburg 1360 dem mittelalterlichen Städtebund der Hanse beitrat, blühte der Handel auf. Als Umschlagplatz für Pelze, Gewürze, Getreide, Fisch und Bier wurde Hamburg zum wichtigsten Nordseehafen der Hanse.

Zwei Jahrhunderte später, nach der Entdeckung Amerikas und des Seeweges nach Asien, gewann der Hamburger Hafen an internationaler Bedeutung. Zu dieser Zeit lebten viele wohlhabende Kaufleute in Hamburg. Die Stadt selbst zählte zu den reichsten Städten Europas. Mitte des 19. Jahrhunderts musste der Hafen aufgrund des zunehmenden Welthandels vergrößert werden. Man begann mit dem Bau der heutigen Speicherstadt. In den folgenden Jahren wurde der Hafen bis auf die gegenüberliegende Elbseite ausgeweitet. 1888 schaffte man einen Freihafen, in dem Waren unverzollt umgeschlagen werden durften. Hamburg galt nun als eines der weltgrößten Lager für Kaffee, Teppiche und Gewürze.

Die Attraktivität des Hafens erhöhte sich zudem durch den 1895 angelegten Nord-Ostsee-Kanal, der die Elbe mit Skandinavien und dem gesamten Ostseeraum verbindet. Die Bevölkerung von Hamburg wuchs stetig mit. Viele der umliegenden Ortschaften wurden eingemeindet. Ende des 19. Jahrhunderts zählte die Hansestadt 1 Millionen Einwohner. Heute ist Hamburg mit 1,8 Millionen Menschen die zweitgrößte Stadt Deutschlands.

Das offizielle Gründungsdatum des Hamburger Hafens, der 7. Mai 1189, wird jedes Jahr mit einem mehrtägigen Fest gefeiert. Am Ufer der Elbe, auf einer 4 Kilometer langen Hafenmeile, genießen Besucher kulinarische Köstlichkeiten und verfolgen mit Begeisterung das Ein- und Auslaufen der Schiffe, das traditionelle Schlepperballett und das einzigartige Feuerwerk. Das größte Hafenfest der Welt zählt jährlich über eine Millionen Gäste von nah und fern."

Mit diesem Wissen und müde vom Anreisetag sind wir dann auch ins Bett gegangen.

2. Reisetag, 1. Seetag (von Hamburg nach Dover)

Die Wettervorhersage für den 1. Seetag war nicht so berauschend. War ja auch so zu erwarten, denn es geht nach Dover. Gut, dass wir die Wellness Oase gebucht hatten. Aber alles der Reihe nach.

Nach dem anstrengenden ersten Tag hatten wir schön ausgeschlafen. Nach dem ausgiebigen Frühstück im Marktrestaurant – es gab alles, was man sich zum Frühstück vorstellen kann – sind wir in die Anytime Bar gegangen. Dort fand das Fan-Treffen aus dem Wasserurlaub-Forum statt. Eine tolle Idee, um zu Beginn der Reise weitere Passagiere kennen zu lernen. Dieses Fan-Treffen wurde von Privatpersonen innerhalb des Forums organisiert. Lediglich die Durchführung an Bord übernahm AIDA.

Die Organisatorin hatte im Vorfeld der Reise 112 Namen der Passagiere, die sich im Forum zu diesem Fan-Treffen angemeldet hatten, an das AIDA-Eventmanagement weitergegeben. Jeder Teilnehmer bekam von AIDA eine Einladung in die Kabine, denn im Vorfeld ist es AIDA nicht möglich, den Zeitpunkt und den Ort zu benennen. Schließlich mussten alle Teilnehmer dieses Treffens untergebracht werden. Und gerade in unserem Fall war es eine besondere Herausforderung, denn normalerweise nehmen 20-30 Passagiere an einem solchen Fan-Treffen teil und nicht 112.

Der Generalmanager und der Hotelmanager begrüßten die Passagiere mit einem kleinen Sektempfang. Der Generalmanager gab uns einige zusätzliche Informationen über die AIDAstella, aber auch unsere Organisatorin wurde vorgestellt und mit einem besonderen Applaus bedacht. Sie berichtete über das Zustandekommen des Treffens, aber auch über die Sitte, dass im Normalfall die Nicknamen aus dem Forum aufgerufen werden, damit jeder ein „Gesicht" zum Nickname bekam. Das war aber bei 112 Gästen und einem 45-minütigem Treffen nicht möglich. Die übrige Zeit wurde mit einer Frage- und Antwort-Runde von den Gästen an den Generalmanager gut überbrückt. Hier kamen weitere Neuigkeiten, auch über zukünftige Schiffe, zu Tage.

Bei diesem Treffen lernten wir zwei junge Paare aus Bochum und Bielefeld kennen und unterhielten uns noch bis zum Mittag mit ihnen. Es war sehr nett und sicherlich würde man sich auf der Reise noch über den Weg laufen. Nach dem Mittag (das Mittagessen ließen wir ausfallen) sind wir auf unsere Kabine gegangen und haben uns für den Wellnessbereich umgezogen. Dann ging es auf Deck 12 zur Rezeption der Wellness-Oase. Dort hatten wir dann die Zugangskarten für den Wellnessbereich bekommen. Die gesamte Wellness-Oase erstreckte sich über Deck 12, 13 und 14 und bestand aus mehreren Saunen, die im Übrigen auch ohne Wellness-Karte benutzt werden konnten: Dampfbad, Whirlpool, Ruheflächen und Massagebereiche. Der geschlossene Ruhebereich auf Deck 13 und 14 war ideal zum Entspannen. Auf der Liege ausgestreckt konnten wir durch das Glasdach die Wolkenspiele beobachten. Vielleicht an dieser Stelle einen Hinweis für alle AIDA-Wellness-Besucher: Im großen Whirlpool sind in der Umrandung zwei Tasten eingelassen, mit denen das Sprudeln eingeschaltet werden kann. Also nicht auf automatisches Sprudeln warten! Nach einem herrlich entspannten Tag sind wir abends ins Restaurant Bella Donna gegangen, schließlich wollten wir auch die anderen Restaurants während der Reise ausprobieren. Das Bella Donna Restaurant war etwas kleiner als das Markt-Restaurant und hatte eine andere, aber nicht minder gute Auswahl an Speisen. Die Speisen in diesem Restaurant wurden jeden Tag unter ein anderes Motto gestellt und entsprechend angerichtet. Nach dem Abendessen gingen wir ins Theatrium, denn dort sollte die offizielle Begrüßung der Passagiere durch die Offiziere stattfinden. Die Offiziere inkl. des Kapitäns kamen auf die Bühne und wurden vorgestellt. Zum Abschluss übernahm der Kapitän das Mikrofon und begrüßte die Passagiere höchstpersönlich. Bei dieser Gelegenheit gab der Kapitän auch einige Hinweise zum Verlauf der Reise, auch was speziell die An- und Ablegezeiten der folgenden Häfen betraf. Leider wurden wir später genau wegen dieser Informationspolitik und -genauigkeit des Kapitäns negativ überrascht, aber dazu später mehr.

Die Vorstellung der Offiziere wurde mit einem tollen Auftritt der Showtanz-Gruppe zum Thema „Utopia" abgeschlossen.

Wir sind nach dem Show-Auftritt noch weiter übers Schiff spaziert, um alles noch besser kennenzulernen. So ging es zunächst in die Stella Bar, wo eine polnische Unterhaltungs-Combo versuchte, deutsche und internationale Lieder zum Besten zu geben. Die Darbietung sagte uns nicht so zu, so dass wir durch den Casino Bereich und die Bibliothek zur Anytime Bar gingen.

In der Anytime Bar legte ein DJ Musik auf, die eher unserem Geschmack entsprach, also blieben wir. Nach ein paar Musikstücken gingen wir dann in die Kabine. Am nächsten Tag stand ja unser Ausflug „London – zu Land und zu Wasser" an. Diesen Ausflug hatten wir im Vorfeld über die AIDA-Homepage gebucht, weil es aus unserer Sicht am einfachsten war, so von Dover nach London zu kommen, um uns dort einige Sehenswürdigkeiten anzuschauen. Außerdem versprachen wir uns von der Fahrt auf der Themse ein besonderes Highlight. An der Kabinentür hing auch wieder „AIDA heute", so dass wir noch eine schöne Bettlektüre hatten.

An der Bord-Rezeption hatte ich uns die Hafeninfo Dover beschafft, die wieder einige Auskünfte zu unserer nächsten Hafenstadt beinhaltete. Der erste Tag an Bord ging somit zu Ende, ein Tag voller neuer Eindrücke vom Bordleben auf der AIDAstella.

An dieser Stelle möchte ich die gesamte Crew der AIDAstella, vor allem die Bediensteten in den Kabinen und Restaurants, ausdrücklich loben. Ihr macht eine wunderbare Arbeit, immer freundlich, immer zuvorkommend. Für uns war dies eine der wichtigsten Voraussetzungen für einen entspannten Urlaub. Alle Wünsche wurden prompt erfüllt, und dieser Job ist sicherlich nicht einfach bei 2500 Passagieren. Ich ziehe meinen Hut vor der positiven Einstellung zum Job. Chapeau.

3. Reisetag, Dover

Information aus dem Hafeninfo Dover:

„Die Frühgeschichte Englands wurde – beginnend in der Altsteinzeit – von Jäger- und Sammlerkulturen geprägt, auf die in der Jungsteinzeit eine Einwanderungswelle Ackerbau betreibender Stämme folgte.

Zeugnis dieser Zeit ist die Anlage von Stonehenge, die zwischen 2000-1500 v. Chr. entstand. Im 4./3. Jahrhundert vor Chr. setzten keltische Stämme vom Kontinent über und besiedelten von Süden her die britischen Inseln. Nach anfänglichen Fehlschlägen gelang es der römischen Armee, 43 n. Chr. zu landen und das Gebiet zu unterwerfen. Die in den Jahrhunderten der Besatzung entstandene Kultur verfiel aber nach Abzug der römischen Streitkräfte (407 n. Chr.) rasch und wurde Mitte des 5. Jahrhunderts von Jüten, Angeln und Sachsen zerstört, die wiederum ihre keltischen Vorgänger verdrängten.

Der Grundstein für eine wichtige Rolle der Kirche auf den Inseln wurde durch die Gründung des Bistums von Canterbury 597 durch Augustinus gelegt, was die Vorherrschaft der Katholiken sichern sollte. Mit seiner Invasion 1066 läutete Wilhelm der Eroberer eine neue Epoche in der englischen Geschichte ein und förderte mit der Einführung der Feudalherrschaft die Zentralisierung des Königreiches. Bauernaufstände und Pestepidemien prägten das 14. Jahrhundert. Nach der Weigerung des Papstes in Rom, die Heirat zwischen König Heinrich VIII. und seiner Frau zu annullieren, erklärte sich Letzterer selbst zum Oberhaupt einer neuen englischen Kirche. Der Katholizismus wurde jedoch bereits unter Maria der Katholischen wieder eingeführt, wobei die Protestanten brutal verfolgt wurden.

Elisabeth I. leitete wiederum einen Wechsel ein und provozierte durch die Hinrichtung Maria Stuarts 1588 einen Krieg mit Spanien. Die spanische Armada kam bis Südengland, wurde aber schließlich in der Schlacht von Gravelines vernichtet. Der Bürgerkrieg von 1642-1660 brachte das vorübergehende Ende der englischen Monarchie, nachdem sich das Parlament gegen den Herrschaftsstil König Karls I. wehrte und ihn 1649 hinrichten ließ.

Das Protektorat unter Oliver Cromwell konnte sich allerdings nur bis zu dessen Tod 1658 halten und wurde durch die Krönung Karls II. aufgelöst. Auch 1688 scheiterte ein König, nämlich Jakob II., mit seiner Wiedereinführung des Katholizismus am Parlament, was einen Dynastiewechsel zur Folge hatte. Wilhelm III. von Oranien wurde neuer Monarch.

Das 19. Jahrhundert brachte England einerseits eine nie da gewesene industrielle Entwicklung, andererseits verschärften sich dadurch die Klassengegensätze dramatisch. Unter der Regentschaft Königin Victorias von 1837-1901 baute das Land seine Kolonialherrschaft immer weiter aus. Das Vereinigte Königreich, die dominierende Industrie- und Seefahrtsnation im 19. Jahrhundert, spielte eine bedeutende Rolle in der Entwicklung der parlamentarischen Monarchie, in Literatur und Wissenschaft.

Großbritannien trat über viele Jahrhunderte für ein Mächtegleichgewicht auf dem europäischen Kontinent ein (Pax Britannia) und schloss dafür wechselnde Bündnisse. Auf seinem Höhepunkt umfasste das Britische Weltreich zwei Fünftel der Landfläche der Erde, die in vielen Kriegen erobert worden waren. Durch die beiden Weltkriege verlor das Land seine Weltmachtstellung, obwohl es beide Male auf der Siegerseite stand. In der zweiten Hälfte des 20. Jahrhunderts wurde das Reich bis auf einige kleine Reste auf-

gelöst. Das Vereinigte Königreich war gezwungen, sich mehr Kontinentaleuropa zuzuwenden, hält sich aber bis heute bei der Integration zurück. Das Land ist zwar Mitglied der Europäischen Union, hat aber den Euro wegen innenpolitischer Widerstände nicht eingeführt. Im Zuge einer Verfassungsreform erhielten Schottland, Wales und Nordirland im Jahre 1999 eigene Parlamente."

Wir hatten uns extra den Wecker früh gestellt, da wir das Einlaufen in den Hafen Dover miterleben wollten. Vor allem die Aussicht auf die Kalk-Felsen machte uns neugierig. Hoffentlich spielte das Wetter mit, denn es war für morgens Sonne angesagt, erst im Laufe des Tages sollte es sich zu ziehen. Der Wecker klingelte und wir beeilten uns, an Deck zu kommen. Und was erlebten wir? Sonne! Wer hätte gedacht, dass die Wettervorhersagen einmal zutreffen! Es war keine Wolke am Himmel zu sehen. Die Aussicht auf die Kalk-Felsen war einfach nur fantastisch. Ideale Bedingungen zum Fotografieren, und dementsprechend schossen wir eine Vielzahl von Fotos. Das Anlegemanöver erlebte ich nun auch zum ersten Mal, und was soll ich sagen? Die Crew hat das große Schiff sehr gut im Griff. Punktgenau und ganz sachte wurde angelegt.

Nachdem das Anlegemanöver abgeschlossen war, gingen wir zum Frühstück, wir wollten uns schließlich für unseren Ausflug stärken.

Nach dem Frühstück ging es ins Theatrium, denn dort war der Treffpunkt unserer Ausflugsgruppe. Da sich mehr Passagiere angemeldet hatten, als Plätze in einem einzelnen Bus zur Verfügung standen, wurden wir auf mehrere Busse verteilt. Im Theatrium fielen uns zwei typisch englisch gekleidete Damen auf, die sich gegenseitig lautstark Vorwürfe machten, wer denn nun verantwortlich für die Pässe sei. Zunächst wunderten wir uns etwas, stellten aber später fest, dass es sich hier um zwei engagierte Schauspielerinnen handelte, die auch später während der Reise immer ihre kleinen komödiantischen Auftritte hatten. Nachdem alle angemeldeten Passagiere anwesend waren, ging es von Bord zu den Bussen. Schnell unsere Plätze in Bus Nummer 1 eingenommen, und schon konnte es losgehen, auf die zweistündige Fahrt nach London. Über das Busmikrofon begrüßte uns eine junge AIDA-Scout. Sie entschuldigte sich dafür, dass die ebenfalls anwesende Reisebegleiterin aus London nur englisch spräche. Aber sie würde die Übersetzung übernehmen, so dass alle anwesenden Gäste im Bus nichts verpassen würden. Nach zwei Stunden Busfahrt erreichten wir den Tower of London. Hier stiegen wir aus, und was soll ich sagen, es regnete. Typisches London-Wetter. Vom Busparkplatz gingen wir am Tower of London vorbei direkt zur Bootsanlegestelle, um dort auf das nächste Boot zu warten. Leider gab es in London keine Möglichkeit, private Boote zu chartern, so dass selbst eine so große Reisegruppe wie die von der AIDA das Linien-Boot nehmen musste. Das hatte wohl die Reiseleiterin dazu veranlasst, so schnell wie möglich zur Bootsanlegestelle zu laufen. Sie wollte das nächstbeste Boot erreichen. Den Preis, als erste AIDA-Gruppe an der Bootsanlegestelle zu sein, bezahlten wir aus unserer Sicht sehr hoch, denn wir mussten mehr als 30 Minuten auf das Boot warten. Eine Zeit die wir gerne dazu genutzt hätten, den Tower of London näher zu besichtigen, wie auch viele andere in unserer Gruppe. Nach 30 Minuten kam endlich unser Boot und alle anwesenden AIDA- Gruppen stiegen ein. Wir hätten also auch als letzte Gruppe auch noch in das Boot gepasst. Bei englischem Nieselregen positionierten wir uns draußen unter einem Verdeck, damit wir auch schöne Fotos schießen konnten, soweit das bei dem Regen möglich war. Denn durch den Regen wurde das fahrbare Verdeck über die Sitze gefahren, und dort hätten wir durch ein Fenster fotografieren müssen. Dass wollten wir nicht und sind deshalb unter das Verdeck gegangen. Wir wollten uns vom Regen nicht die schönen Foto-Motive vermiesen lassen. Während der Bootsfahrt hatten wir doch einige Motive, darunter auch die Tower-Bridge, das Kriegsschiff Britannia und noch viele weitere Sehenswürdigkeiten abgelichtet. Nach ca. 25 Minuten war die Bootsfahrt zu Ende und wir stiegen aus. Wir befanden uns jetzt in der Nähe des Headquarters von Scotland Yard. Hier stiegen wir wieder in unseren Bus und fuhren durch eine sehr volle Innenstadt zum Westminster Abbey. Dort legten wir einen 15-minütigen Fotostop ein, den wir auch nutzten, um ein wenig spazieren zu gehen, denn Busfahrt und Bootsfahrt hin oder her, überall nur sitzen war nicht unser Ding. Nachdem wir unsere Fotos im Kasten hatten, fuhren wir mit dem Bus in Richtung Piccadilly Circus. Kurz vor dem Covent Garden Market hatte unser Bus in der Russell Street gehalten. Nun standen uns 2 Stunden Freizeit zur freien Verfügung. Wir hatten uns schon im Vorfeld erkundigt und eine Straße ausfindig gemacht, in der es viele besondere Geschäfte gab. Der Stadtplan, den wir hatten, war wohl nicht der Beste, aber wir wussten, in welche Richtung wir mussten. Los ging es durch die Markthallen des Covent Garden. Anschließend versuchten wir uns zu orientieren, hatten aber wohl die Länge der Strecke unterschätzt, denn wir hatten ja nur diese 2 Stunden. Bald darauf standen wir plötzlich vor M&M's World. Das kannten wir gar nicht. Ein M&M's Shop über vier Etagen – das weckte unsere Neugier, also gingen wir hinein. Wir waren überrascht über die Vielfalt der Artikel rund um M&M's. Natürlich gab es auch M&M's selbst in einer Vielzahl von Geschmackssorten. Wir konnten gar nicht alle probieren.

Wir nahmen uns eine leere Tüte und füllten sie ordentlich mit unterschiedlichen M&M's. An der Kasse kauften wir zusätzlich noch eine M&M's Einkaufstüte als bleibende Erinnerung. Wir hielten uns noch lange in diesem Geschäft auf und gingen von Etage zu Etage. Schließlich zahlten wir unsere Ware und gingen über den Piccadilly Circus zurück zum Bus. Nachdem alle Passagiere wieder im Bus Platz genommen hatten, verabschiedete sich die Reiseleiterin von uns. Sie kam aus London und musste nicht wieder mit uns zurück nach Dover fahren. Unser AIDA-Scout bedanke sich in unserem Namen bei der Reiseleiterin und erzählte uns, dass sie heute Geburtstag hätte. Dafür, dass sie an ihrem Geburtstag gearbeitet hatte, gab es noch zusätzlichen Applaus der Busbesatzung. Jetzt nur noch 2 Stunden Busfahrt, dann sind wir wieder an Bord. Wir sind froh, nur eine Tour über AIDA gebucht zu haben. Hier sind einfach zu viele Leute, und man hat immer das Gefühl, abgefertigt zu werden. Bleibt wahrscheinlich auch nicht aus bei 2500 Passagieren. Nicht unser Ding, dann lieber auf eigene Faust etwas unternehmen.

Am Schiff angekommen, ging es erst einmal in die Kabine, ausruhen. Das geplante Abendessen um 18 Uhr verschoben wir auf einen späteren Zeitpunkt. Der neue Plan war nun, das Auslaufen um 20 Uhr anzuschauen und anschließend zum Abendessen zu gehen. Diesmal sollte es das East Restaurant sein. Hier war jeden Tag ein anderes asiatisches Land das Tagesmotto. Ein Restaurant für Liebhaber der exotischen Küche. Es gab auch eine Sushi Bar. Nach einem guten und sehr abwechslungsreichen Abendessen gingen wir noch ins Theatrium. Hier sollte der Comedian Andy Sauerbein auftreten. Der Name sagte uns nichts, aber wir dachten schon, dass AIDA sich in Punkto Darbietungen nicht lumpen lassen würde. Andy Sauerbein brachte eine 30-minütige Show aus Stand-up-Comedy und Gesang. Er beobachtete gerne die Passagiere an Bord und macht sich dann während der Show so seine Gedanken darüber. Wir fanden es eine sehr gute Unterhaltung. Schade, dass die 30 Minuten so schnell vorbei waren. Aber er hatte ja noch zwei weitere Auftritte während unserer Reise. Wir gingen nach dem Auftritt ins Bett. Der Tag war sehr anstrengend, und wir wollten morgen die Ankunft in Le Havre miterleben. Auf dem Weg in die Kabine schnell noch an der Rezeption vorbei, um die Hafeninfo Le Havre mitzunehmen. Und an unserer Kabine hing auch schon die neue „AIDA heute". Also hatten wir noch ein wenig Bettlektüre, bevor wir das Licht ausmachten.

4. Reisetag, Le Havre

Informationen aus dem Hafeninfo Le Havre:

„Le Havre wurde 1517 von Francois I, einem Zeitgenossen Heinrichs des VIII., auf dem rechten Ufer der Seinemündung gegründet. Zunächst hieß die Siedlung Francispolis, Stadt von Francois, aber schon bald wurde sie in Le Havre (der Hafen) umbenannt. Ähnlich wie in Harfleur im Norden und Honfleur im Süden versandete die Hafenöffnung auch hier regelmäßig, und so wurde 1523 ein Durchgang nach Westen zum Ärmelkanal hin geschaffen.

Le Havre gewann im 18. Jahrhundert an internationaler Bedeutung, als die Franzosen während des amerikanischen Unabhängigkeitskrieges jede Gelegenheit nutzten, um dem Erzfeind England zu schaden und die von den Briten verhängte Blockade der neuen Welt zu umgehen. Tabak, Kaffee, Zucker und besonders Baumwolle wurden quer über den Atlantik nach Le Havre gebracht und von dort aus auf den gesamten europäischen Kontinent weiter verteilt, was sehr zum anwachsenden Wohlstand der Hafenstadt beitrug.

Im folgenden Jahrhundert war Le Havre aus einem weniger streitsüchtigen Grund eine Berühmtheit. Die großen Passagierschiffe wie die „Normandie" und die „Ile de France" kreuzten von hier aus den Atlantik, der internationale Handel und das Bankwesen besaßen Zentren in Le Havre.

Doch der Glanz und Reichtum vergangener Tage war während des Zweiten Weltkrieges bald vergessen, als 70 Prozent der Stadt von den Bomben der Alliierten dem Erdboden gleichgemacht wurden, um die Deutschen zur Aufgabe des wichtigen Hafenstützpunktes am Atlantik zu zwingen. Von allen französischen Städten wurde

Le Havre am schlimmsten getroffen. Allein vom 5. bis zum 13. September 1944 wurden 140 Luftangriffe auf die Stadt geflogen. Als die Deutschen schließlich flohen, sprengten sie die noch verbliebenen Hafenanlagen in die Luft. Es dauerte noch weitere zwei Jahre, bis die Trümmer beseitigt waren und mit dem Wiederaufbau Le Havre begonnen werden konnte.

Die Federführung bei der Gestaltung des neuen Le Havre hatte Auguste Perret, der die Stadt in einer modernen Betonarchitektursprache wieder aufbaute. Das Rathaus und die Kirche St. Josef wurden nach seinen eigenen Plänen gebaut. Der das Stadtbild beherrschende Kirchturm, durchaus in der Tradition der Beinhäuser des 1. Weltkrieges, erinnerte an die Zerstörung. Durch den Wandel der Industrie, insbesondere auch durch die Ölkrise der 70er Jahre, hat die Stadt einige wirtschaftliche Schwierigkeiten mitgemacht, wodurch die Bevölkerung seit 1975 um 12% zurückgegangen ist. Im Juli 2005 wurde die Stadt in die Liste des UNESCO-Kulturerbes aufgenommen."

Für heute stand ein Besuch der malerischen Kleinstadt Honfleur auf dem Programm. Pünktlich um 8 Uhr schellte uns unser Wecker aus dem Schlaf. Über die Bug- und Heck-Kamera (beide Kameras werden im Fernsehen auf der Kabine angezeigt, ebenso wie eine Pooldeck-Kamera) konnten wir sehen, dass wir schon im Hafen angelegt hatten. Schade, denn wir hatten uns darauf gefreut, das Einlaufen neben der AIDAsol zu erleben. Denn hier trafen sich beide Schiffe nach der Abreise aus Hamburg noch einmal, bevor sich die Reiserouten dann trennten. Nach der Morgentoilette ging es zum Frühstück. Der Blick nach draußen zeigte ein etwas tristes Wetter. Hoffentlich wird es noch schöner! Nach dem

Frühstück gingen wir von Bord und wollten schauen, wie wir nach Honfleur kommen. Eine nette, freundliche Dame an der Touristeninformation erklärte uns die Möglichkeit, mit dem Bus nach Honfleur zu fahren. Allerdings gab sie uns wenig Hoffnung, da die zwei Busse sicherlich schon voll waren, in Anbetracht der Tatsache, dass mit zwei AIDA-Schiffen auch 5000 Urlauber da waren. Also mussten wir uns eine Alternative suchen. Wir sind dann erstmal aus dem Terminal gegangen, wo die vielen Taxen schon auf die Touristen warteten. Aus dem Urlaubs-Forum wussten wir, dass die Taxifahrt nach Honfleur und zurück ungefähr 25 - 30 € pro Person kosten würde. Allerdings müssten wir dazu noch ein oder zwei Pärchen finden, die mit uns nach Honfleur wollten. Genau in diesem Augenblick hörten wir zwei Paare über die gleiche Situation reden. Sie suchten ebenfalls ein Paar für die Taxifahrt nach Honfleur. Welch ein Zufall. Wir meldeten uns und gingen zu den beiden Paaren hinüber. Nach einer kurzen Begrüßung suchten wir das erste Taxi auf und fragten nach dem Preis für die Hin- und Rückfahrt. Der Taxifahrer bot uns diese Fahrt inkl. 2 Stunden Aufenthalt für 150 € an. Das erschien uns zu teuer, und wir fragten weitere Taxifahrer. Allerdings schien der Preis von 150 € ein Tarifpreis zu sein, ohne die Chance auf eine Reduzierung. Nun mussten wir uns erst einmal beraten, was wir machen wollten. Während der Diskussion stellten wir uns zunächst einmal vor. So lernten wir Silke und Stefan aus Osnabrück sowie Evelyn und Heiko aus Werne kennen. Beide Paare hatten sich auch erst auf der AIDA kennen gelernt. Sie machten einen sehr sympathischen Eindruck auf uns und schienen sehr humorvoll zu sein. Wir waren froh, sie kennen gelernt zu haben. Nach kurzer Beratung gingen wir wieder auf die Taxifahrer zu und vereinbarten die Fahrt nach Honfleur inkl. 3 Stunden Aufenthalt zu einem Preis von 150 €. Ab ins Taxi und los ging die Fahrt nach Honfleur. Zunächst brauchten wir sehr lange, um aus dem Hafengebiet zu fahren, es war ein sehr weitläufiges Gelände. Aus dem Hafengebiet heraus, ging es auf die Autobahn in Richtung Pont de Normandie (Brücke der Normandie). Die Pont de Normandie ist eine Schrägseilbrücke, die mit 856 m die größte Spannweite in Europa besitzt und 2145,25 m lang ist. Sie überquert die Seinemündung und verbindet Le Havre (Haute-Normandie) auf dem rechten Ufer im Norden mit Honfleur (Basse-Normandie) auf dem linken Ufer im Süden. Die Brücke wurde in den Jahren 1988 bis 1994 gebaut und am 20. Januar 1995 eingeweiht.

Auf der anderen Seite angekommen, sahen wir auch schon die ersten Häuser von Honfleur, die Stadt mit Flair der Cote Fleurie. Das Wortteil fleur bedeutet in etwa „flache Stelle". Normannen siedelten sich hier früh an und der Ort lebte zunächst einfach vor sich hin. Erst im 13. Jahrhundert taucht er wieder in geschichtlichen Quellen als kleiner Hafen auf. In der Folgezeit wurde Honfleur mal von den Engländern, mal von den Franzosen besetzt, bis die Stadt zum Ende des hundertjährigen Krieges endgültig französisch wurde. Aus den Salzmarschen wurde Salz gewonnen und damit – sowie mit Schiffsbau und Fischerei – kam für eine sehr lange Zeit der wirtschaftliche Aufschwung. Erst die positive Entwicklung des nahe gelegeneren Le Havre führte zum Niedergang. Doch dafür hat sich das Flair Honfleurs mit seiner pittoresken Altstadt erhalten und profitiert nunmehr stark von Touristen, die in den Sommermonaten zu Zehntausenden die Stadt mit ca. 8000 Einwohnern überfallen.

Wir hielten am alten Hafenbecken, dem Vieux Bassin, direkt im Zentrum und verabredeten mit dem Taxifahrer, dass er uns um 14 Uhr an der gleichen Stelle wieder abholen konnte. Die gesamte

Abwicklung war sehr freundlich und sympathisch. Wir mussten auch noch nicht bezahlen, erst auf der Rückfahrt.

Das Vieux Bassin war rechteckig. Zweimal hatten die Schiffe bei Flut die Möglichkeit, nach Öffnung der Hebebrücke, ein- und auszufahren. An drei Seiten befanden sich schmale Häuser, die wunderbar gepflegt waren. Vor den Häusern waren sehr viele Terrassenrestaurants, die zum Verweilen einluden. Schön im Restaurant sitzen, den Ausblick auf die Häuser und Fischerboote genießen, das war ein feiner Gedanke. Aber wir wollten zunächst den Ort erkunden.

Vor uns lagen nun drei gemütliche Stunden, die wir nutzten, um die malerische Hafenstadt kennen zu lernen. Enge Gassen, jede Menge Stein- und Holzhäuser, die unterschiedlich waren und trotzdem harmonisierten. Daneben noch Fachwerk- und Schindelhäuser, wie man sie selten sieht. Die alten Gassen hatten als Belag Kopfsteinpflaster unterschiedlicher Größe. Bei gutem Wetter kein Problem, allerdings für Rollifahrer nicht optimal. Besonders beeindruckend war die Rue de la Prison, das alte Gefängnis, in dem heute das Volkskundemuseum untergebracht ist. Wir gingen weiter durch die kleinen Gassen des malerischen Ortes, immer unterbrochen durch kleine Besuche der Souvenirgeschäfte, die viele ortstypische Kleinigkeiten anboten. Claudia kaufte sich hier eine leckere süße Spezialität mit Namen Eclair, sehr schmackhaft. Irgendwann standen wir dann plötzlich auf dem Place Sainte Cathérine. Dort stand die Église Sainte Cathérine, die größte Holzkirche Frankreichs. Sehr beeindruckend. Anschließend gingen wir weiter durch die kleinen Gassen zu den Terrassenrestaurants am Quai Sainte Cathérine. Hier gönnten wir uns eine kleine Pause in einem der Restaurants am Kai. Wir erfuhren dann noch eine Besonderheit über die Häuser. Als der Wohnraum in Honfleur knapp wurde, legte man parallel zum Kai eine Straße an. Zwischen den an den Kai grenzenden Häusern und der Straße wurden zusätzliche Häuser an die Rückenwand der schon bestehenden Häuser gebaut. Es gab demnach nur an einer Hausseite Fenster. Im Laufe der Zeit wurde erneut das Wohnangebot knapp, so dass die hinteren Häuser aufgestockt und teilweise auf Dächer der am Kai stehenden Häuser erweitert wurden. So gab es für viele der direkt am Kai liegenden Häuser zwei Haustüren, eine am Kai und eine an der Parallel-Straße.

Wir unterhielten uns noch eine Weile und lernten uns so noch besser kennen. Wir beschlossen, auf der AIDA-Reise noch weitere gemeinsame Ausflüge zu unternehmen.

Pünktlich um 14 Uhr holte uns das Taxi wieder ab. Wir wunderten uns, dass es diesmal ein anderer Taxifahrer war, aber nach kurzer Erklärung erfuhren wir, dass der Wagen von dem ursprünglichen Taxifahrer einen Defekt hatte und daher ein Kollege eingesprungen war. So nahmen wir Abschied von Honfleur, einem Ort, der immer eine Reise wert ist. Kein Wunder, dass sich in der Vergangenheit viele namhafte Künstler wie Courbet, Sisley, Claude Monet, Pissarro, Renoir und Cézanne in Honfleur ausgetauscht hatten. Auch heute noch gilt die Stadt als Künstlertreff.

Nach kurzer Fahrt beim Schiff angelangt, bezahlten wir die 150 € und gingen wieder an Bord. Wir drei Paare verstanden uns so gut, dass wir uns direkt für den gleichen Nachmittag verabredeten, und zwar zum Tauziehen zwischen Passagieren und Offizieren der AIDAstella. Dieser kleine Event fand um 17 Uhr auf dem Hafengelände vor der AIDAstella statt. Also hatten wir noch zwei Stunden Zeit. Diese Zeit nutzten wir, um uns Poolhandtücher gegen eine Kaution von jeweils 15 € auszuleihen. Mit den Handtüchern bewaffnet, suchten wir uns zwei Liegen an Deck und ruhten uns ein wenig aus. Um 17 Uhr trafen wir uns dann wieder vor dem Schiff, um uns das Tauziehen anzuschauen. Leider gab es den angekündigten Wettkampf zwischen den Offizieren der AIDAstella und der AIDAsol nicht, warum auch immer. Wir gönnten uns einen Cocktail „Sex on the Pier" und genossen die Niederlagen der Offiziere gegen die Passagiere. Nach einer halben Stunde und gefühlten 20 Niederlagen der Offiziere wurde die kleine Abwechslung mit dem AIDA-Tanz beendet. Leider kannten wir diesen Tanz nicht, dafür aber viele Passagiere, so dass es ein schönes Bild gab. Anschließend ging es wieder an Bord. Wir verabredeten uns zum Abendessen auf der Terrasse des Bella Donna Restaurants. Das sollte für den Rest der Reise unser allabendlicher Treffpunkt bleiben. Der Abend entwickelte sich schnell zu einem gemütlichen Beisammensein. Bei dem einen oder anderen Glas Rotwein lernten wir uns weiter kennen. Wir blieben an diesem Abend solange am Tisch sitzen, bis das letzte Restaurant, das East, schloss, und genossen den herrlichen Sonnenuntergang, sowie das Auslaufen der AIDAsol. Es ist schon was Besonderes, wenn zwei Schiffe im selben Hafen liegen und ein Schiff als erster den Hafen verlässt. Schließlich hatten alle Restaurants zu, es gab keinen Rotwein mehr, und die Kellner räumten die Stühle und Tische zusammen. Was also machen mit diesem angebrochenen Abend? Einer von uns hatte gelesen, dass im Brauhaus an diesem Abend noch eine Karaoke-Show stattfand. Wir wollten uns eh das Brauhaus einmal anschauen, also machten wir uns auf den Weg. Als wir im Brauhaus ankamen, hatten wir sogar das Glück, noch Plätze recht weit vor der Bühne zu bekommen. Das Brauhaus war sehr gut besucht. Um 22 Uhr begann dann die Karaoke-Show. Vorher wurden auf den Tischen Liederbücher, aus denen man sich Lieder aussuchen konnte, verteilt. Dazu auch Zettel, auf denen man sich zum

Karaoke-Singen anmelden konnte. Nur so zum Spaß füllte Heiko einen dieser Zettel unter meinem Namen aus und gab mir diesen Zettel. Da ich nicht singen kann, wollte ich auch nicht teilnehmen. Ich legte also den Zettel vor mir umgedreht auf den Tisch. Ich machte mir keine Sorgen, da auf dem Zettel ja die Kabinennummer fehlte. Schon meldeten sich die ersten Halb-Profis und sangen gekonnt die ersten Stimmungslieder. Klar, dass dadurch die Stimmung super wurde und wir alle schon auf den Tischen tanzten. Die Qualität der Sänger war schon recht gut. Kurz vor Schluss kam noch ein Mitglied der AIDA-Crew und sang hammermäßig. Der Applaus wollte gar nicht mehr aufhören. Ein Kandidat fürs „Supertalent". Er war der einzige, der sogar eine Zugabe geben musste.

Nachdem der Applaus langsam abebbte und der Sänger die Bühne verließ, geschah etwas, was keiner ahnen konnte und ich mit Sicherheit nicht wollte. Der Moderator nahm meinen umgedrehten Zettel, neugierig wie er war, und wollte wissen, was drauf stand. Anstatt mir den Zettel zurückzugeben, worum ich ihn bat, kündigte er mich als nächsten Kandidaten an. Heiko hatte zwar ein klasse Lied ausgesucht, aber es war höllisch schwer zu singen. Er handelte sich um Wolfgang Petrys „Ruhrgebiet", kein einfaches Lied. Wie ihr euch vorstellen könnt, war es für alle Gäste ein sehr lustiger Vortrag von mir. Aber sei es drum, mir hat es auch Spaß gemacht. Schließlich kam sogar ein Gast zu mir und sagte, dass er sich jetzt auch trauen würde, nachdem er mich gehört hatte. Heiko fand auch direkt den Künstlernamen „The Voice" für mich. Lieber Heiko, die Rache wird kommen, die Reise ist ja noch lang. Nachdem der Karaoke-Abend vorbei war und das Brauhaus schloss, gingen wir noch kurz in die Anytime Bar, um dann aber auch bald darauf ins Bett zu gehen. Ein ereignisreicher Tag mit phantastischen Menschen – Evelyn, Silke, Heiko und Stefan, damit seid ihr gemeint – lag hinter uns.

An dieser Stelle möchte einfach mal erwähnen, dass der Umgang der Passagiere auf den AIDA-Schiffen untereinander sehr locker ist. Egal an welchem Tisch wir uns gesetzt hatten, wir kamen immer ins Gespräch mit den Tischnachbarn. Das gefiel mir persönlich sehr gut.

5. Reisetag, 2. Seetag (von Le Havre nach Ferrol)

Das Schöne an unserer Gruppe war das Unkomplizierte. Jeder konnte seinen Urlaub nach seinen Wünschen gestalten und keiner war böse, wenn ein Paar mal was anderes machen wollte. Und trotzdem haben wir zusammen viel unternommen und viel erlebt. Am 2. Seetag wollten Claudia und ich es langsam angehen lassen und erst einmal ausschlafen. Wir sind dann gegen 10 Uhr aufgestanden und ans Deck gegangen, um dort zwei leere Liegen zu finden. Leider ist es einem an solchen Seetagen nicht vergönnt, länger zu schlafen, und man wird damit bestraft, dass man keine freie Liege mehr bekommt bzw. nur mit viel Geduld. AIDA sollte hier einfach mal ein System oder eine Kontrolle einführen, denn viele Passagiere reservieren sich mehrere Liegen, in der Sonne und im Schatten. Da es an Deck aber nur begrenzt Platz gibt, sollte es möglich sein, das jeder Passagier, der gerne sonnen möchte, auch eine freie Liege bekommt. Wir hatten leider das Gefühl, das AIDA so etwas nicht interessiert. Man ist viel mehr darauf aus, gerade über die Seetage den Geschäften an Bord die Möglichkeit zu geben, ihre Produkte an Bord zu verkaufen. So wurden auf den einzelnen Decks Stände aufgebaut, an denen die Passagiere alles Mögliche kaufen konnten. Diese Stände wurden meist in Kombination mit zusätzlichen Cocktail-Ständen aufgebaut. Für mich ein wenig zu viel Kommerz. Weniger ist mehr, pflege ich dann immer zu sagen. Aber wir störten uns nicht daran, es fiel halt einfach nur auf. Gott sei Dank hatten wir an Deck 14 zwei Liegen gefunden, zwar etwas windig, aber dafür mit viel Sonne. Auch hatten wir das Glück, weit weg von der Bühne zu sein, wo „Neptuns Taufe" zelebriert wurde. Sicherlich etwas Schönes für Passagiere, die eine Erinnerung an ihre AIDA-Reise mitnehmen wollten. Aber die sehr dröhnende, dunkle Stimme von

Neptun durchbrach regelmäßig die Stille. Doch wir waren ja weit genug entfernt. Die Passagiere bekamen von Neptun eine Urkunde und es wurden viele Bilder zum Andenken gemacht. AIDA hatte seine eigenen Fotografen, die überall lauerten und Fotos von den Passagieren machten. Uns störte es nicht, denn wir konnten ja auch nein sagen. Die Fotos wurden dann entwickelt, und jeder Passagier konnte sich seine Bilder im Fotoshop anschauen und natürlich käuflich erwerben. Pro Bild waren zwischen 6 und 8 € fällig, ganz schön happig. „Leider" waren auch unter unseren Fotos während des gesamten Zeitraums ein paar schöne dabei, so dass wir uns am Ende auch 5 Fotos kauften. Aber der Preis ist schon verdammt hoch und nicht nötig.

Im Gegensatz zu dem Preis der Fotos fand ich den Preis des AIDA-Films sehr fair. Für 69 € konnte jeder Passagier am Ende der Reise einen wirklich sehr professionellen Film mitnehmen, der alle Highlights der Reise beinhaltete. Wir haben ihn dennoch nicht gekauft, da wir nicht auf dem Film waren und sehr viele Fotos gemacht hatten. Außerdem ist dieses Buch viel wertvoller und persönlicher als der Film.

Dieser Seetag war Entspannung pur für uns. Wir lasen viel und konnten uns richtig gut auf unseren Liegen entspannen. Um 16 Uhr fand das Cocktail-Shaken der Besatzung statt. Bei diesem Wettkampf traten die Offiziere gegen einen Teil der übrigen Crew an. Jeder stellte Cocktails her und musste sie verkaufen. Wer am Ende die meisten Cocktails verkauft hatte, gewann diesen Wettbewerb. Da wir gerne Cocktails trinken, haben wir auch zwei Cocktails gekauft und probiert. Nach ein wenig Small Talk mit einigen Passagieren gingen wir wieder zurück zur Liege, die letzten Sonnenstrahlen des Tages genießen. Um 19 Uhr trafen wir uns dann wieder mit den beiden Paaren im Bella Donna und aßen gemeinsam zu Abend. Heiko erzählte uns dann auch, dass die Anmeldung zur Fahrt nach Santiago de Compostela funktioniert hatte.

Dazu muss ich folgendes erklären: Im Forum Wasserurlaub.info wurde für Ferrol eine Reise nach Santiago de Compostela angeboten, von einem privaten Veranstalter. Dort konnte man sich per E-Mail anmelden. Über diese Möglichkeit hatten wir am Abend vorher mit allen gesprochen. Heiko hatte dann sehr schnell die E-Mail geschrieben, in der Hoffnung, noch einen Platz für die vier zu bekommen. Toll, dass die Bestätigung so schnell kam, so konnten wir gemeinsam den Ausflug nach Santiago de Compostela unternehmen. Aber noch war es ja nicht so weit. Am Abend stand noch das Revange-Spiel des WM-Finales von 2014, Deutschland gegen Argentinien, auf dem Programm. Die Übertragung des Spiels wurde am Pool auf der großen LED-Leinwand gezeigt. Leider trat die deutsche Mannschaft mit einer B-Elf an, so dass sie letztendlich verdient mit 4:2 verlor. Aber egal, wir hatten ja das wichtigere Spiel gewonnen! Nach dem Spiel verabschiedeten wir uns für morgen und gingen in die Kabine, natürlich mit der täglichen Lektüre „AIDA heute" und diesmal auch Hafeninfo Ferrol.

6. Reisetag, Ferrol

Informationen aus dem Hafeninfo Ferrol:

„Im Nordwesten Spaniens befindet sich in der Region Galicien die Hafenstadt Ferrol direkt am Atlantik. Seit dem 18. Jahrhundert verfügt Ferrol über einen Militärhafen und war schon damals ein wichtiger Marinestandpunkt. Heute befindet sich an dem Hafen eine der größten Werftindustrien Spaniens. Etwa eine Stunde von Ferrol entfernt liegt Santiago de Compostela, die Hauptstadt Galileis. Die Geschichte der Region reicht bis ins 7. Jahrhundert v. Chr. zurück, ihren Namen bekam die Region von den Kelten. Im Laufe der Jahrhunderte stritten sich die Räder, die Sieben und die Goten um das Gebiet. Ab 1833 herrschte die spanische Krone im Land und erst 1982 wurde Galizien autonom. Von der UNESCO wurde Santiago de Compostela 1985 zum Kulturerbe erklärt, ebenso die Stadtmauer von Lugo. Unzählige Menschen sind bisher den Jakobsweg gepilgert, dessen Ziel Santiago de Compostela ist. Der Legende nach entdeckte der Eremit Peylc um 1813 durch eine Engelserscheinung das Grab des Apostels Jakob – seitdem kommen die Gläubigen nach Santiago, um dort am Grab des Apostels um die Vergebung ihrer Sünden zu bitten.

Ein weiteres bedeutendes Jahr für Santiago de Compostela ist das Jahr 1495. In diesem Jahr wurde die Universität von Santiago erbaut und ist damit eine der ältesten und bedeutendsten Universitäten Spaniens. Im Süden Galileis liegt Vigo, im Norden die Stadt La Corinna – und beide sind wichtige Häfen- und Handelsstädte. Sowohl Santiago de Compostela, La Corinna und auch Ferrol gehören zu der Provinz A Corinna. Ferrol ist der Geburtsort des spanischen Diktators Francisco Franco, der 1975 starb. 1977 fanden erstmals seit 1936 in Spanien wieder freie Wahlen statt, der Fa-

schismus hatte ein Ende. Inzwischen wird Galizien von der Volkspartei, der PP regiert, Regierungschef ist Alberto Nunez Feijoo."

Wir hatten uns für 10 Uhr an Deck 5 verabredet, um vor dem Ausflug nach Santiago de Compostela, der um 13 Uhr begann, noch ein wenig durch Ferrol zu spazieren.

Wir stellten uns also um 8 Uhr den Wecker, um das Einlaufen in den Hafen von Ferrol mitzuerleben. Leider stimmte schon wieder die Vorhersage des Kapitäns vom Vortag nicht. Um 8 Uhr konnten wir über unsere Bug- und Heck-Kamera auf dem Fernseher sehen, dass wir schon im Hafen lagen. Während unseres Frühstücks erfuhren wir dann von anderen Gästen, dass unser Kapitän wohl dafür bekannt sei, die Vorhersagen nicht unbedingt einzuhalten. Auch soll er wohl eigenmächtig Liegeplätze tauschen, wenn zwei verschiedene AIDA-Schiffe im selben Hafen festmachen. So geschehen in Le Havre, als die AIDAsol neben uns festgemacht hatte. Das war wohl auch der Grund dafür, warum die Besatzung der AIDAsol nicht zum Tauziehen erschien, wie es zunächst geplant war. Wie gesagt, das haben uns Passagiere erzählt. Nach dem Frühstück trafen wir uns dann um 10 Uhr an Deck 5 und schauten uns Ferrol an. Auch in Ferrol gab es schöne Gassen mit kleinen Geschäften und historischen Gebäuden. Zum Abschluss gönnten wir uns noch einen Kaffee, bevor es dann zum Treffpunkt des Ausflugs ging. Am Hafen trafen wir unsere Reiseleiterin Saray Diaz, die die Bestätigungs-E-Mail geschickt hatte. Sie übergab uns unsere Reservierungskarten und war auch so freundlich, uns sechs Karten im gleichen Bus zu geben, obwohl wir zu unterschiedlichen Zeiten gebucht hatten. Es standen insgesamt 4 Busse zur Verfügung.

Im Bus Platz genommen, sprach Saray Diaz, unsere Reiseleiterin, in einem perfekten Deutsch über unsere bevorstehende Reise. Da sie ja nicht in allen vier Bussen gleichzeitig mitfahren konnte, hatte sie am Tag vorher einige sehenswürdige Videos mit interessanten Beiträgen zum Ausflug fertiggestellt und ließ diese während der 1,5-stündigen Busfahrt abspielen. Ich fand das alles sehr professionell und dennoch sympathisch. Wirklich ein sehr zu empfehlender Reiseveranstalter. In Santiago de Compostela angekommen, bekamen wir alle einen Stadtplan, damit uns zurechtfinden konnten. Unsere Reiseleiterin stand uns auch jederzeit für Fragen zur Verfügung. Dafür hielt sie sich immer in der Nähe der Kathedrale auf.

Also los ging es, Santiago de Compostela wartete auf uns! Bevor wir aber, wie alle anderen, in die Kathedrale gingen, wollten wir uns zunächst stärken. Direkt unterhalb der Kathedrale gab es ein kleines Lokal, in dem wir draußen mit Blick auf die Kathedrale Platz nahmen. Heiko und ich probierten selbstverständlich das Nationalgericht, den Polbo á Feira, gekochten Tintenfisch aus, während alle anderen „normale" Gerichte von der Karte bestellten.

Polbo á feira (galicisch, wörtlich „schöner Oktopus"), auch polbo estilo feira oder pulpo á galega, ist ein traditionelles Gericht der galizischen Küche und eine Bezeichnung für eine bestimmte Art der Gastronomie. Traditionell wurde getrockneter Oktopus als Stockfisch verwendet. Heute wird meist gefrorener Oktopus verwendet, der eine ähnliche Konsistenz hat und im Gegensatz zu frischem nicht extra weichgeschlagen werden muss. Der Oktopus wird zunächst am Kopf in einem Kupferkessel mit kochendem Wasser eingetaucht und wieder herausgezogen, damit sich die Arme im kochenden Wasser kringeln. Anschließend wird er etwa

20 Minuten gekocht, wobei ähnlich dem italienischen al dente die richtige Kochzeit über die Konsistenz wesentlich entscheidet. Danach lässt man ihn noch dieselbe Zeit im heißen Wasser ziehen. Der fertige Oktopus wird heiß mit einer Schere zugeschnitten, gelegentlich dabei die Oktopus-Köpfe weggeschmissen und mit grobem Salz, Paprika und Olivenöl dekoriert. Serviert wird mit ungeschälten, zumeist im Oktopus-Sud gekochten Kartoffeln (*cachelos*) und Brot auf traditionellen Holzplatten. Getrunken wird dazu junger Rotwein.

Nach der Stärkung ging es zunächst in die Kathedrale, die Kathedralkirche des Erzbistums Santiago de Compostela. Sie steht über einer Grabstätte, die dem Apostel Jakobus zugeschrieben wird, und ist Ziel des Jakobsweges. Aufgrund der bischöflichen und päpstlichen Anerkennung der aufgefundenen Gebeine als Reliquien des Jakobus gilt die Kathedrale von Santiago als Grabeskirche des Apostels Jakobus. Die armenische Jakobskathedrale in Jerusalem beansprucht jedoch ihrerseits, im Besitz des Schädels des Apostels zu sein.

Der Kathedralbau begann 1075 unter der Herrschaft von Alfons VI. über den Resten einer älteren Kirche aus dem 8. Jahrhundert. 1120 wurde sie zum Sitz des ersten Erzbischofs des Erzbistum Santiago de Compostela, Diego Gelmírez. Heute ist nur noch das romanische Südportal (Puerta de las Platerías) in der ursprünglichen Gestalt erhalten. Die zahlreichen Erweiterungen der Kathedrale führen mit dem barocken Westportal, der klassizistischen Nordfassade und den gotischen Kreuzgängen im Inneren mehrere Baustile zusammen. Die Grundfläche wurde dabei von ehemals 8.200m² auf 23.000m² erweitert.

Betritt man den Dom vom Obradoiro-Platz aus über die doppelte Treppe, begegnet man im Eingang des Westportals (Fachada del Obradoiro) als erstes einem der bedeutendsten Kunstschätze der Kathedrale: dem Pórtico de la Gloria. Er wurde von Maestro Mateo und seiner Werkstatt bis 1188 geschaffen. Das mit Skulpturen ausgestattete Portal gilt als künstlerisches Meisterwerk.

Durchschreitet man den Pórtico, fällt der Blick durch das insgesamt fast 100m lange, 8,5m breite und fast 20m hohe Mittelschiff auf den gegenüberliegenden prächtigen Hauptaltar, der über dem Grab des Apostels errichtet wurde. Die Westfassade entsprach sowohl der barocken Lust nach Üppigkeit als auch der Notwendigkeit, den seit fast sechs Jahrhunderten seine Farbe verlierenden Pórtico de la Gloria vor den Unbilden der Witterung zu schützen.

An den Seiten der Westfassade erheben sich die etwa 75m hohen Türme, von denen der südliche (rechts) nach seiner Funktion Glockenturm („Torre de las Campanas") und der nördliche (links) „Torre de las Carracas" genannt wird – nach den Klappern oder Knarren, mit denen in der Karwoche („semana santa") das Läuten der Glocken ersetzt wird. Im Mittelgiebel erhebt sich das Standbild des Apostels Jakobus in einer Darstellung als Pilger. Zu seinen Seiten und etwas unterhalb sieht man seine Schüler Atanasius und Theodor.

Im Inneren schmückt den Altar ein vergoldeter Baldachin. Darunter befindet sich die Gruft mit einem silbernen Schrein, der die Reliquien enthält, unter anderen ein auf das Jahr 874 datiertes goldenes Kruzifix, das einen Splitter des Kreuzes Christi beinhalten soll. Zu hohen Feiertagen oder auf Bestellung wird der berühmte Botafumeiro durch das Querschiff geschwenkt. Es handelt sich dabei um ein etwa 1,60m großes Weihrauchfass, das an einem etwa 30m langen Seil von der Decke hängt und nach dem Hochamt von acht Männern in Bewegung gesetzt und bis hoch unter die Decke geschwungen wird. Außer seiner üblichen Funktion in der Liturgiefeier diente der Botafumeiro dazu, den Geruch der Pilger zu neutralisieren, die nach ihrer Wallfahrt auf dem Jakobsweg eine ganze Nacht wachend und betend in der Kathedrale verbracht hatten.

Nach der Besichtigung der Kathedrale ging es noch zu einem schönen Spaziergang durch die kleinen Gassen des Ortes.

Kurz vor der Rückkehr zu den Bussen trafen wir noch unsere Reiseleiterin, die uns zu einem fantastischen Aussichtspunkt von Santiago de Compostela in den Alameda Park brachte. Diesen schönen Ausblick hielten wir auf Fotos fest. Schließlich ließen sich die Männer und anschließend die Frauen dazu hinreißen, Fotos mit Ramón María del Valle-Inclán, der dort geschmückt mit seinem langen Bart auf einer Bank sitzt, zu machen. Ramón María del Valle-Inclánwar, spanischer Dramatiker, Romancier und Mitglied der Generación del 98. Hierbei hatten wir sehr viel Spaß. Auf dem Rückweg hatten wir eine weitere passende Skulptur für unsere Frauen gefunden und weitere spaßige Fotos gemacht. Diese Skulptur hatte keinen Namen, von daher haben wir hier nur die Fotos.

Anschließend ging es zurück zu den Bussen, die Heimreise zum Schiff stand an. Auf dem Weg zurück wurden unsere Damen von Mitarbeiterinnen einer Bäckerei angesprochen, doch einmal die nationalen Süßigkeiten zu probieren. Welche Frau kann da schon nein sagen? Also gingen unseren Frauen mit in die Bäckerei und durften so manche Leckerei probieren. Besonders die Mandeltorte musste wohl sehr lecker geschmeckt haben, denn wir Männer warteten nun schon eine kleine Weile. Schließlich ging ich in die Bäckerei, um nach dem Rechten zu schauen, und wurde prompt zu einem Grappa eingeladen. Nachdem wir alle diesen sehr leckeren Grappa getrunken hatten, gingen wir auf dem schnellsten Weg zu unserem Bus. Auf der Rückfahrt sahen wir uns weitere Filme rund um Galicien an. Am Schiff angekommen, waren wir uns alle einig: eine sehr schöne Tour, toll organisiert von einer sehr freundlichen, sympathischen Reiseleiterin.

Nach unserem Abendessen an Bord im Bella Donna Restaurant genossen wir das Auslaufen der AIDAstella, eines der schönsten Auslauf-Erlebnisse der Reise. Die Ausfahrt zum Meer ging durch die Straße von Ferrol, Richtung Atlantik. Unterwegs, noch vor der Hafenausfahrt, passierten wir die Burg „Castillo de Felipe". Von dort wurden wir mit Böllerschüssen verabschiedet, abgegeben von Galiziern in Trachtuniformen. Ein sehr schönes Erlebnis. Kurz vor der Meeresmündung wurde das Tenderboot eingeholt. 10 Passagiere hatten über eine Verlosung diese Fahrt gewonnen. Leider verband AIDA die Berechtigung zur Verlosung mit einem Kauf im AIDA-eigenen Bordshop. Aber für die Beteiligten der Tender-Boot-Fahrt ein unvergesslicher Moment. Nachdem die Passagiere wieder an Bord waren, ging die Reise weiter, Richtung Lissabon.

Nach dem Auslaufen gingen wir zu sechst noch in die Stella Bar, auch wenn die Musik nicht unbedingt unser Geschmack war. Aber die Musik war nicht zu laut, so dass wir uns noch nett unterhalten konnten. Dabei erfuhren wir, dass Silke und Stefan die Reise als Silberhochzeitsreise gebucht hatten. Der Abend war noch sehr unterhaltsam und ging ruhig zu Ende. An der Kabinentür hing schon die neue „AIDA heute", aber diesmal kein Hafeninfo, denn der nächste Tag war ein Seetag.

7. Reisetag, 3. Seetag (von Ferrol nach Lissabon)

Der dritte Seetag war ein sehr schöner Sonnentag, ideal um Urlaubsbräune zu bekommen. Leider hatten wohl alle Passagiere der AIDA die gleiche Idee, denn es war wieder sehr schwierig, zwei nebeneinander liegende Liegen für Claudia und mich zu bekommen. Zunächst sicherten wir uns zwei Liegen auf dem Bord-Schachbrett, leider ohne Sonnenstrahlen zu bekommen, denn das Schachbrett war von zwei Seiten Wind- und Sonnengeschützt. Kaum hatten wir uns hingelegt, sah ich, wie zwei Passagiere direkt an der Reling ihre Liegen frei machten. Ich machte mich sofort auf den Weg dahin und reservierte die beiden ideal gelegenen Liegen für uns. Glück gehabt, denn es kamen schon die nächsten Passagiere, die sich ebenfalls die Liegen nehmen wollten. Perfekter konnten die Liegen nicht sein, direkt in der Sonne und mit schönem Ausblick aufs Meer. Bis zum späten Nachmittag, genauer gesagt bis 16:30 Uhr, faulenzten wir in der Sonne. Wir verließen unsere Ruheoase nur einmal ganz kurz, um Kaffee und Kuchen zu uns zu nehmen. Wir waren aber innerhalb von 15 Minuten wieder auf der Liege, und hielten sie nicht, wie manch anderer, stundenlang besetzt, ohne sie zu benutzen. Das war im Übrigen das einzige Mal, dass wir die Kaffee- und Kuchenzeit ausnutzten, wir wollten das halt auch mal ausprobieren. Es gab Kuchen in Hülle und Fülle, so dass jeder Geschmack getroffen wurde.

Die Zeit auf der Liege nutzen Claudia und ich, um unseren bevorstehenden Aufenthalt in Lissabon zu planen, denn wir waren schließlich eineinhalb Tage dort. Immer noch zu wenig für die große Stadt, deshalb musste der Aufenthalt auch geplant werden.

Im Laufe des Tages kamen auch Evelyn und Heiko an unseren Liegen vorbei. Wir verabredeten eine Überraschung für Silke und

Stefan zur Silberhochzeit. Dazu sollte jeder sich bis zum nächsten Morgen Gedanken machen, damit wir die Überraschung auch organisieren konnten.

Nach einem sehr schönen faulen Tag in der Sonne trafen wir uns am Abend im Brauhaus. Wir wollten auch dieses Restaurant ausprobieren, hatten viel Gutes gehört. Im Gegensatz zu den anderen Buffet-Restaurants konnten wir im Brauhaus a la carte essen, mussten dafür aber die Getränke bezahlen. Das war aber absolut okay, denn das Essen im Brauhaus wurde frisch zubereitet und war sehr lecker. Ein schöner Nebeneffekt im Brauhaus war auch, dass wir uns mal bedienen lassen konnten, sehr angenehm. Jeder von uns bestellte ein anderes Gericht und alle haben sehr lecker geschmeckt. Dazu gab es frisch gezapftes, an Bord gebrautes Bier. Das Brauhaus verfügte tatsächlich über eine eigene Hausbrauerei. Die Utensilien waren im Restaurantbereich zu sehen, da sie auch als Dekoration dienten. Im Brauhaus wurden auch diverse Seminare rund ums Bier angeboten. Wir nahmen zwar nichts davon in Anspruch, fanden es dennoch ein gutes Angebot für die Passagiere.

Nach dem Abendessen ging es auf das Pooldeck, wo an diesem Abend die Schlager+Pool Party "Alpenglühn" stattfand. Das Show-Ensemble führte eine Show vor und sang typisch deutsche Schlagerlieder, verpackt in eine bunte Tanzshow. Für das leibliche Wohl wurde auch gesorgt, da Getränkestände rund um das Pooldeck aufgebaut waren. Nach der Show kam DJ Sascha auf die Bühne und brachte seine CD Spieler zum Glühen. Allerdings schien Schlager nicht so sein Fall gewesen zu sein, denn die Auswahl der Lieder war aus unserer Sicht nicht so doll. Wir sind dann auch früh ins Bett gegangen, da wir morgen das Einlaufen in Lissabon miterleben wollten. Schließlich sollte die AIDA unter der Brücke

Ponte de 25 Abril, vorbei an der Cristo Rei Statue, zum Anlegeplatz im Hafen fahren. Das versprach ein schönes Erlebnis zu werden.

Also ab ins Bett, aber nicht ohne Lektüre „AIDA heute" und Hafeninfo Lissabon zu lesen.

8. Reisetag, Lissabon

Informationen aus dem Hafeninfo Lissabon:

"Bereits die Phönizier und die Karthager sollen den Ort des heutigen Lissabon als einzigen großen Naturhafen an der iberischen Atlantikküste genutzt haben. Auch die Griechen haben ihre Spuren hinterlassen. Ab 205 v. Chr. hieß die Stadt unter römischer Herrschaft „Olisipo", 48 v. Chr. erhielt sie unter Julius Cäsar die römischen Stadtrechte und war als „Felicitas Julia" das Zentrum der Provinz Lusitanien. Nach der Einführung des Islam (ab 610 n. Chr. in Mekka) begannen die Araber ihre Eroberungszüge durch Afrika, Asien und Europa. Im 8. Jahrhundert wurde auch Lissabon eingenommen. 1256 verlegte König Alfons III seine Residenz von Coimbra nach Lissabon. Die Stadt entwickelte sich im 15. Jahrhundert durch Portugals Errichtung von Überseekolonien zu einem der wichtigsten Handelsplätze Europas. 1755 wurde Lissabon durch ein starkes Erdbeben zu zwei Dritteln zerstört. Während der von Antonio de Oliveira Salazar gegründeten Diktatur des Estado Novo von 1926 bis 1974 (Beginn der Nelkenrevolution) wurde Lissabon zu Lasten des restlichen Landes entwickelt (u. a. Eröffnung der U-Bahn und Bau einer ersten Hängebrücke über den Tejo). 1998 wurde die insgesamt über 17 Kilometer lange Autobahn-Brücke Ponte Vasco da Gama über den Tejo anlässlich der Weltausstellung Expo 1998 fertig gestellt."

Um 6:30 Uhr standen wir auf und wunderten uns, dass wir keinen Wellengang hörten. Unsere Bug- und Heck-Kamera im Bord-TV zeigte uns dann auch, dass wir wohl schon wieder früher angelegt hatten als tags zuvor angekündigt. Reichlich sauer sind wir an Deck gegangen, um uns davon zu überzeugen, dass wir schon angelegt hatten. Nicht ohne ein paar Fotos gemacht zu haben, denn die Aussicht auf Lissabon, eine Stadt, die in den Berg gebaut wurde, die Brücke Ponte de 25 Abril, die Cristo Rei Statue, hatte schon was.

Die Brücke Ponte de 25 Abril wird schlicht "Ponte" genannt. Oben fahren die Autos, darunter die Eisenbahn.

Hoch über dem Lissabonner Hafen verbindet die Brücke des 25. April Lissabon Alcântara mit dem Vorort Almada.

Der Brückenzug ist insgesamt 3,2 Kilometer lang und beginnt schon über Lissabon. Die eigentliche Hängebrücke über den Fluss Tejo ist 2278 Meter lang. Oft wird die Ponte de 25 Abril mit der Golden Gate Bridge in San Francisco verglichen. Und so fernliegend ist dieser Vergleich nicht, denn die Brücken ähneln nicht nur auf den ersten Blick, sondern sie wurden auch von der gleichen Firma gebaut.

Schon im späten 19. Jahrhundert stellte man Überlegungen an, den Tejo, der Lissabon von seinen Vororten im Süden trennte, mit einer Brücke zu überqueren. Nach langen Planungen konnte mit dem Bau der Brücke im Jahr 1962 begonnen werden, die nahe des Cristo-Rei in Almada das Ufer erreichen sollte. 45 Monate später wurde die Hängebrücke unter dem Namen Salazar-Brücke eingeweiht. Keine 10 Jahre später wurde sie nach der Nelkenrevolution 1974 umgetauft zur Ponte de 25 Abril.

Einige Zahlen: Die Autos fahren in 70 Metern Höhe über den Fluss, darunter fahren Züge. Die Brückentürme sind 190,47 Meter hoch. Täglich passieren durchschnittlich ca. 150.000 Autos die Brücke.

Am Südufer des Tejo thront die Cristo Rei Statue mit ausgestreckten Armen über Lissabon. Gleich neben der Ponte de 25 Abril. Schon am Fuße der Jesusstatue hat man einen wunderbaren Ausblick. Mit dem Lift gelangt man auf den 82 Meter hohen Sockel auf dem die 28 Meter hohe Statue steht. Der Ausblick über den Tejo, Lissabon, Almada und noch weiter ist gigantisch.

Der damalige Kardinal-Patriarch von Lissabon D. Manuel G. Cerejeira bewunderte in den 1930er Jahren die Jesusstatue in Rio de Janeiro. Eine ähnliche Statue wünschte er sich für Lissabon. Nachdem Portugal vom Zweiten Weltkrieg verschont geblieben war, beschlossen die portugiesischen Bischöfe, als Dank an Gott die Statue zu bauen. 1949 wurden die ersten Steine verbaut, 1959 wurde das Monument im Lissabonner Vorort Almada eingeweiht. Cristo-Rei steht für "König Christus." Im Fuß des Monuments ist eine Kapelle untergebracht. Übrigens, Cristo-Rei wird oftmals auch irrtümlich Christo-Rei geschrieben.

Wie schön wären die Bilder geworden, wenn wir sie beim Einlaufen in den Hafen und beim schönen Sonnenaufgang gemacht hätten. Wir wollten es diesmal nicht auf uns sitzen lassen, denn wir wurden nun schon zum dritten Mal nicht richtig informiert. Also gingen wir zur Rezeption. Dort brachten wir unsere Beschwerde vor und hofften einfach, dass die nächsten Informationen besser wurden. Aber wie schon vorher beschrieben, war es wohl eine der weniger guten Eigenschaften des Kapitäns. Nachdem wir wieder auf unserer Kabine waren, legten wir uns etwas hin, denn bis zum Frühstück war ja noch etwas Zeit.

Nach dem Frühstück trafen wir uns mit Evelyn und Heiko, Silke und Stefan um 10 Uhr an Deck 5, am Ausgang. Das Wetter war warm, 25 Grad, aber bewölkt. Es sah nach Regen aus. Das Schiff lag ganz in der Nähe des Hafenausgangs. Wir mussten nur die Straße überqueren und waren schon in der Metro-Station. Laut unseren Recherchen machte es Sinn, ein Tagesticket für Busse und Bahnen zu kaufen. Es kostete 6,50 €, ein Schnäppchen, wenn man unsere Preise zu Grunde legt. Wir fuhren dann mit der Metro eine Station Richtung Altstadt und stiegen am Praça do Comércio (Platz des Handels) aus. Einigen ist der Platz noch als Terreiro do Paço (Palastgelände) bekannt, weil sich hier bis zum großen Erdbeben 1755 ein Schloss des Königs befand. Der Palast war über 200 Jahre die Residenz der portugiesischen Könige, direkt am Lissabonner Hafen und den Redereien, Werften und Verwaltungsgebäuden. Hier war der Knotenpunkt des Handels und der Beziehungen zwischen Portugal und seinen Kolonien. Durch das Erdbeben und das nachfolgende Feuer bzw. den nachfolgenden Tsunami wurde der Palast 1755 zerstört.

Nach dem Erdbeben wurde die Innenstadt von Lissabon nach Plänen von Marquis von Pombal umgestaltet und wiederaufgebaut. Die Gebäude um den 170 mal 170 Meter großen Platz wurden in Form eines zum Tejo offenen U's angelegt. Zur Rua Augusta hin wurden prächtige Torbögen gestaltet und erst 1875 fertiggestellt. Auf der Mitte des Platzes wurde ein Reiterstandbild von König José I aufgestellt.

Als wichtiger Treffpunkt für das aufständische „Movimento das Forças Armadas" diente der Platz während der Nelkenrevolution 1974. Bis in die 90er Jahre parkten hier viele Autos. Heute herrscht Parkverbot, der Platz ist offen. Recht häufig finden hier Veranstaltungen statt.

Auf der dem Hafen entgegen gelegenen Seite befand sich ein Triumphbogen, der in die Rua Augusta führte, die Innenstadt von Lissabon. Im Schatten des Triumphbogens war ein kleiner Markt aufgebaut, wo allerlei Dinge für Touristen angeboten wurden. Wir unternahmen einen kleinen Bummel über diesen Markt. Anschließend sind wir durch das Stadttor in die Innenstadt von Lissabon gelaufen. Dort fanden wir die üblichen Geschäfte einer Innenstadt, so dass wir in Ruhe an ihnen vorbei gehen konnten. Schließlich hatten wir als erstes Ziel die Haltestelle der Tram 28. Die Linie 28E der Straßenbahn Lissabon, portugiesisch: Carreira 28E dos Eléctricos de Lisboa, ist eine von fünf Linien der Straßenbahn Lissabon. Sie verbindet die unterschiedlich geprägten Teile Alfama, Baixa und Lapa der Lissaboner Innenstadt mit dem Stadtteil Prazeres. Die auf der Linie eingesetzten Altbauwagen, die für eine Adhäsionsbahn außergewöhnlich steilen Strecken – darunter mit 13,5 Prozent Steigung einer der steilsten Abschnitte weltweit –, enge Kurven und die Streckenführung durch schmale Altstadtgassen haben dazu geführt, dass die Linie – wie die Ringlinie 12E, mit der sie sich einen Teil der Strecke teilt – besonders bei Touristen sehr beliebt ist. Die „berühmte Linie 28" gilt inzwischen als eine der bekanntesten Sehenswürdigkeiten der portugiesischen Hauptstadt und die Fahrt mit ihr als „Muss" eines Besuchs. Und genau das hatten wir vor.

Wir orientierten uns anhand eines kleinen Stadtplans, den wir in der Touristeninformation im Hafenterminal bekommen hatten. Nach dem kleinen Spaziergang durch die „neue" Innenstadt von Lissabon erreichten wir schließlich die Haltestelle. Von weitem konnten wir schon die lange Schlange der wartenden Passagiere erkennen. Dennoch stellten wir uns hinten an. Wir wollten sehen, wie lange wir hier warten mussten. Nach einer kurzen Zeit entschieden sich Evelyn, Silke, Heiko und Stefan, nicht noch länger zu warten. Sie mieteten sich vor Ort eine Stadtbesichtigung mit Führer und fuhren in einem motorisierten Dreirad davon. Die eine Stunde Rundfahrt kostete 45 €. Claudia und ich blieben in der Reihe stehen. Ich hatte mich so sehr auf diese Fahrt gefreut. Während der Wartezeit, es ging langsam voran, fing es plötzlich an zu regnen. Und das war nicht ein kleiner Regen, sondern ein Regen in der Art, als wenn oben einer die Schleusen aufgemacht hätte. Und das in Lissabon. Gut, dass es nicht kalt war, sondern angenehmer, aber heftiger Regen. Ich blieb hartnäckig in der Reihe stehen, während Claudia Unterschlupf suchte. Ich wollte unseren guten Platz jetzt nicht aufs Spiel setzen, denn in der nächsten Tram würden wir mitfahren. Nach dem Regenschauer kam Claudia wieder zu mir in die Reihe und achtete mit einigen anderen darauf, dass sich keiner vordrängelte. Es hatten sich einige Passagiere nicht untergestellt und wollten nun nach dem Regen die Gelegenheit nutzen weiter nach vorne in die Reihe zu kommen. Claudia hatte Erfolg, alle anderen in der Reihe halfen mit.

Dann kam unsere Tram, endlich. Wir hatten Glück und bekamen einen Sitzplatz. Und los ging es. Die Tram 28 schlängelte sich durch die Straßen von Lissabon und bog irgendwann in kleine Gassen ab. Diese waren so eng, dass selbst Fußgänger auf ihren Gehsteigen zur Seite gehen mussten. Nach einer Dreiviertelstunde Fahrt, noch nicht einmal die Hälfte war erreicht, blieb die Tram 28 plötzlich stehen. In gebrochenem Englisch erklärte uns der Straßenbahnfahrer, dass er nicht weiter fahren könnte, es würde sich ein Hindernis auf den Schienen befinden. Zuerst hatten wir das nicht richtig verstanden, aber nachdem die portugiesischen Passagiere die Tram verließen, stiegen wir dann schließlich auch aus. Unsere Enttäuschung war riesengroß, schließlich hatten wir uns auf diese Fahrt sehr gefreut und eine lange Wartezeit und einen heftigen Regenschauer in Kauf genommen. Als wir dann an die Stelle kamen, wo das Hindernis lag, trauten wir unseren Augen nicht. Da hatte doch tatsächlich ein portugiesischer Autofahrer sein Auto so auf den Schienen geparkt, dass die Tram nicht vorbeikam! In der Gegenrichtung standen auch schon vier Trams, die diese Stelle nicht passieren konnten, denn sie war nur einspurig befahrbar. Da war sie nun schon vorbei, unsere Fahrt mit der Tram 28, und wir mussten nun überlegen, wie unser Ausflug weiterging. Wir liefen zunächst einmal die Schienen entlang, bis wir zu einer größeren Aussichtsplattform kamen. Hier galt es, sich erst einmal zu orientieren. Wir stellten dann mit Hilfe der vorhandenen Örtlichkeiten und unserem Stadtplan fest, dass wir in der Nähe der Castelo de Sao Jorge waren. Von unserem Standort aus hatten wir eine wunderschöne Aussicht in Richtung Hafen und konnten sogar die AIDAstella sehen. Das schrie nach einer Foto-Session. Nachdem wir ein paar schöne Bilder geschossen hatten, gingen wir in Richtung Burg. Dort angekommen, erwischte uns der nächste Schauer, der diesmal sicherlich 10 Minuten lang dauerte. Wir hatten kaum eine Chance, uns unterzustellen und fanden Schutz unter einem größeren Baum. Trotzdem wurden wir ganz schon nass. Nachdem der heftige Schauer etwas nachließ, gingen wir an der Burg vorbei in Richtung Fährhafen. Wir hatten uns während des Schauers überlegt, nicht die Burg zu besichtigen, sondern zu versuchen, eine Fähre zur Cristo Rei Statue zu nehmen. So liefen wir dann zu Fuß durch die Stadt. Der Fußweg dauerte ungefähr eine Stunde, und wir benutzten die Aufzüge Castelo und Baixo. Die Aufzüge in Lissabon heißen Elevador und gehören in Lissabon zum Stadtbild, denn sie verbinden die Unter- mit der Oberstadt.

Der berühmteste Aufzug in Lissabon ist der Elevador de Santa Justa. Ein Aufzug mitten in Lissabon. Er verbindet Stadtteile miteinander: Baixa (Unterstadt) mit Chiado und Bairro Alto (Oberstadt). Der Elevador de Santa Justa ist ein 45 Meter hoher Turm aus Stahl, reich verziert im neugotischen Stil. Der Eingang befindet sich nahe des Rossio und der Metrostation Baixa-Chiado in der Rua Santa Justa. Von dort aus fahren zwei mit Holz vertäfelte Kabinen in die Höhe. In jede Kabine passen übrigens 24 Personen. Oben angekommen, kann man zu Fuß noch zwei weitere Etagen erklettern: Über dem Ausstieg befinden sich die Maschinen, die den Aufzug antreiben. Noch ein wenig höher auf dem Dach des Lifts befindet sich eine Aussichtsplattform mit einem Café. 1902 wurde der Elevador de Santa Justa von Gustave Eiffels Schüler Raoul Mesnier de Ponsard gebaut. Daher an einigen Stellen die Ähnlichkeiten mit dem Pariser Eiffelturm. In seinen ersten Jahren wurde der Personenaufzug noch mit Dampfmaschinen angetrieben, erst später kam der elektrische Antrieb.

Unser Fußweg führte wieder durch die Einkaufsmeile, vorbei an der Bank de Lissabon. Am Fährhafen angekommen erkundigten wir uns nach Abfahrtzeiten sowie der Dauer der Überfahrt. Nach kurzer Überlegung, das Wetter war ja auch nicht so super, entschieden wir uns gegen die Überfahrt. Die Dauer war uns zu lang, und die Gefahr, dass wir die Aussicht wegen des Wetters nicht genießen könnten, war uns zu groß. Vielleicht würden wir am darauffolgenden Tag die Tour zur Statue übernehmen, denn bis zum Auslaufen war noch genug Zeit. Wir entschieden uns, die Shopping-Landschaft von Lissabon zu erkunden und dabei die Innenstadt besser kennen zu lernen. Wir erhofften uns, dass es in Lissabon Dinge zu kaufen gibt, die etwas außergewöhnlich sind. Da wir nun auch schon einiges gelaufen waren, entschieden wir uns, mit der Metro zu fahren. Die Fahrt sollte zum Praça Marquês de Pombal gehen. Die Praça Marquês de Pombal ist ein Platz, der sich zwischen der Avenida da Liberdade und dem Parque Eduardo VII befindet. Als wir dort aus dem Untergrund die Treppen nach oben stiegen, schallte uns schon Musik entgegen. Wir schauten erst einmal, wo die Musik herkam.

Sie kam aus dem Parque Eduardo VII, dort musste wohl ein Festival sein, denn der Park war abgesperrt und wir wären nur mit Karten hineingekommen, die wir aber nicht hatten. Wenn wir aber schon mal hier am Park waren, konnten wir uns auch bei den Stadtrundfahrten-Scouts nach den Angeboten zu verschiedenen Stadtrundfahrten erkundigen. Vielleicht würden wir ja dieses Angebot noch annehmen. Nachdem wir uns die Informationen geholt hatten, ging es Richtung Avenida da Liberdade, die Shopping-Straße von Lissabon, so sagte zumindest der Reiseführer. Die Avenida da Liberdade ist eine am Vorbild der Pariser Avenue des Champs-Élysées orientierte Prachtstraße in Lissabon. Sie beginnt am Praça dos Restauradores und verbindet die nach dem Erdbeben von 1755 angelegte Unterstadt (*Baixa*) mit den höher gelegenen Stadtvierteln im Norden und fand ab Beginn des 20. Jahrhunderts in den *Avenidas Novas* ihre Fortsetzung.

Resümierend gesagt war es auch die Shopping-Meile, aber nicht für unseren Geldbeutel. Schließlich waren wir nach einem entspannten Spaziergang an vielen internationalen Geschäften – Calvin Klein, Timberland, Massimo Dutti, Armani, Burberrys und Adolfo Dominguez – vorbei- und wieder in der Unterstadt angekommen. Dort befand sich auch das Rock-Café. Hier kaufte ich mir den Lissabon-Logo-Pin vom Rock-Café. Ich versuche immer aus den Städten, die ich besuche und die ein Rock-Café haben, diesen Pin zu kaufen. Pin gekauft, und nun ging es vorbei am Eden Teatro weiter zum Rossio - Praça de Dom Pedro IV.

Eigentlich hat der Platz den Namen Praça de Dom Pedro IV (so wurde er im 19.Jahrhundert umbenannt). Dennoch wird der Platz Rossio wie früher genannt, den neuen langen Namen benutzt kaum jemand. König Pedro IV (der spätere brasilianische Kaiser Pedro I) thront übrigens auch auf der Statue in der Mitte des Platzes. Der Rossio zählt zu den drei größten und wichtigsten Plätzen in Lissabon, seit dem Mittelalter ist er das Zentrum der Innenstadt. Beliebter Treffpunkt auch für Besucher, nicht zuletzt weil hier zwei Metro-Linien zusammenlaufen, einige Elevadors nicht weit sind und der Bahnhof Terminal do Rossio, von dem aus die Züge nach Sintra fahren, gleich am Platz liegt. Beim großen Erdbeben 1755 wurde auch der Rossio stark verwüstet. Im Rahmen des Wiederaufbauprogramms von Sebastião José de Carvalho e Mello (dem späteren Marquês de Pombal) wurde der Platz wiederaufgebaut. Aus dieser Zeit stammt auch der Bogen (Arco da Bandeira) an der Rua dos Sapateiros. Im 19. Jahrhundert wurden die beiden französischen Springbrunnen aus Bronze errichtet. Jeder Besucher, der einmal auf diesem Platz ist, sollte unbedingt auf den Boden schauen. Hier erkennt man ein großes Wellenmuster. Das Mosaik greift die Nähe des Meeres und die Bedeutung des Wassers für Lissabon und Portugal auf. Die ersten Wellen wurden im Übrigen auf dem Rossio 1849 von Sträflingen gepflastert.

Als wir auf dem Platz ankamen, fiel uns eine kleine Menschenmenge auf. Neugierig wie wir waren, sind wir dort hin. Als wir näher kamen, entdeckten wir einen jungen Mann, klitschnass, der ein Schild hoch hielt mit der Aufschrift „Ice bucket me". Wir vermuteten richtig, dass es sich hier um die zu diesem Zeitpunkt bei

Facebook populäre Ice Bucket Challenge handelte. Wir schauten uns das Treiben ein wenig an und sahen, dass Passanten diesen jungen Mann andauernd mit eiskaltem Wasser übergossen. Wir sahen auch, dass einige Kamera-Teams über diese Aktion berichteten. Wir erkundigten uns bei einem netten Herrn neben uns, was es sich mit dieser Aktion auf sich habe. Er erklärte uns, dass der junge Mann ein stadtbekannter Radio-Moderator sei, der pro Eiswasser Eimer jeweils 5 € an drei verschiedene lokale Einrichtungen spendete. Tolle Idee. Wir hätten gerne mitgemacht, aber wir konnten beobachten, dass der edle Spender diejenigen, die ihn übergossen, etwas mitgab. Zur Belohnung umarmte der Moderator den Täter ca. 2 Minuten lang, so dass die Täter genauso nass wurden. Lustig, aber das wollten wir dann doch nicht. Nachdem wir genug gesehen hatten, gingen wir zu einem der traditionellen Cafés im Herzen Lissabons, dem Pastelaria Suiça. Dort kauften wir uns zwei kleine Törtchen. Diese wollten wir später in Ruhe essen.

Da wir immer noch nicht wirklich shoppen waren, wollten wir zum Amoreiras Shopping Center fahren. Wir waren immer noch auf der Suche nach etwas Außergewöhnlichem, was wir aus Lissabon mitnehmen konnten. Das Amoreiras Shopping Center befindet sich nahe der Innenstadt von Lissabon im Stadtviertel Amoreiras in der Nähe des Campo de Ourique. Es wurde bereits 1985 eröffnet und ist damit das älteste Einkaufscenter von Lissabon. Es bietet mehr als 300 Läden (u.a. Calzedonia, dunhill London, GANT, Lacoste, BOSS, Stefanel, Mango, Triumph, Benetton), ein Kino und zahlreiche Restaurants (z.B. Loja das Sopas, Go Natural, Mc Donald's,...).

Wir fuhren also mit der U-Bahn vom Rossi zurück zum Praça Marquês de Pombal. Dort wollten wir weiter mit dem Bus zum

Shopping Center fahren. Wir suchten uns einen Bus und stiegen ein. Kurze Zeit später merkten wir, dass dieser Bus wohl der falsche war. Er fuhr zwar in Richtung des Shopping Centers, bog aber irgendwann ab. Also stiegen wir an der nächsten Station aus und gingen den letzten Rest zu Fuß.

Im Shopping Center enttäuschte uns die Auswahl der Geschäfte. Alles nur Läden, die wir auch von zuhause her kannten. Schade, da hatten wir uns mehr erhofft. Jetzt aber erst einmal eine kleine Pause, die hatten wir uns verdient. Wir setzten uns auf eine kleine Bank im Shopping Center und aßen unsere Törtchen aus der Pastelaria Suiça. Gestärkt gingen wir dann doch noch durch das Shopping Centre in der Hoffnung, das eine besondere Geschäft zu finden. Letztendlich hatten wir um 18 Uhr alles gesehen und nichts gefunden, waren aber platt von den vielen Fußmärschen.

Da wir ja in Lissabon auch über Nacht vor Anker blieben, war nun die Frage, was wir noch machen könnten. Schließlich wollten wir auch Lissabon bei Nacht erleben. Was machten unsere Weggefährten Evelyn, Silke, Heiko und Stefan? Vielleicht konnten wir ja auch was Gemeinsames unternehmen. Schnell mal Kontakt aufgenommen, erfuhren wir, dass sie schon wieder an Bord waren und gleich zum Abendessen gingen. Sie wollten um 19 Uhr von Bord und in der Altstadt einen Wein trinken gehen. Wir wollten uns gerne anschließen und baten darum, auf uns zu warten. Wir nahmen ein Taxi vom Shopping Centre zum Schiff, kostete gerade mal 8 €. Schnell in die Kabine, duschen und umziehen, so dass wir alle um 19:25 das Schiff verlassen konnten. Wir waren zu siebt, da sich uns noch eine Bekanntschaft von Evelyn und Heiko angeschlossen hatte. Ihr Mann musste leider das Bett hüten, denn er hatte vom Arzt Bettruhe verschrieben bekommen. Beide hatten Evelyn und Heiko zu Beginn der Reise kennengelernt.

Claudia und ich wollten nicht nur etwas trinken, sondern auch etwas essen. Denn wir hatten den ganzen Tag über noch nichts Vernünftiges gehabt. Heiko berichtete von einem Tipp, den sie von ihrem morgendlichen Städteführer erhalten hatten. Wir machten uns zu Fuß auf in den Stadtteil Fado. Unterwegs tauschten wir unsere Erlebnisse vom Tage aus. Während des Spazierganges fing es leider wieder an zu regnen, aber diesmal nur sehr leicht. Dennoch wollten wir schnell ein Restaurant finden, wo wir zu siebt etwas trinken konnten, aber zu zweit auch was essen. Nachdem uns zwei Restaurants abgelehnt hatten (sie wollten nur speisende Gäste) fanden wir ein kleines Lokal gegenüber des Museums Fado in der R. Jardim do Tabaco. Uns fiel sofort der sympathische und zu Scherzen aufgelegte Kellner auf. Heiko hatte seinen Spaß mit ihm. Also setzten wir uns hin und erlebten einen sehr schönen Abend. Wir haben viel gelacht, aßen und tranken gut, blieben, bis das Restaurant schloss und verabschiedeten und bedankten uns bei den Kellnern. Wir spazierten zurück zum Schiff, genossen die warme, jetzt auch trockene Luft. Auf dem Schiff nahmen wir noch ein Gute-Nacht-Getränk in der Anytime Bar zu uns.

An diesem Abend stellten wir überraschenderweise fest, dass die vor der Abreise gekauften Cocktail-Marken von AIDA nicht für die Happy Hour Zeit galten. Warum eigentlich nicht? Egal, der Tag war zu schön, um sich darüber jetzt zu ärgern. Bevor es ins Bett ging, verabredeten wir uns noch für 9:00 Uhr am nächsten Morgen. Schließlich hatten wir noch bis zum „Alle Mann an Bord" um 13:30 genügend Zeit. Jedes Paar hatte eine andere Idee für diese Zeit, und wir wollten am nächsten Morgen entscheiden, was wir unternehmen wollten.

9. Reisetag, Lissabon

Nach dem Frühstück trafen wir uns wie verabredet. Wir entschieden, zum Parque das Nações zu fahren, das alte Expo-Gelände. Dort wollten wir ins Ozeaneum und mit der Seilbahn fahren. Außerdem lockte die Shopping Mall, denn Silke und Stefan wollten noch zwei Handgepäck-Trolleys für die Rückreise kaufen. Die Jesus-Statue lag leider in einer Nebel-Wolke, so dass eine Reise dahin auch wieder sehr risikoreich gewesen wäre. Mal sehen, wie unser Wetter würde, und ob die Shopping-Mall am Sonntag überhaupt geöffnet hatte.

Der Parque das Nações, ein ganzes Stadtviertel am Tejo, wurde neu geplant und gebaut. Der eigentliche Anlass war die Weltausstellung 1998, seitdem wächst das modernste Viertel Lissabons weiter: Hotels, Wohnungen, Büros entstanden und entstehen hier. Früher befanden sich an dieser Stelle Industriebetriebe. Durch die Expo wurde das gesamte Gelände neu bebaut. Das Thema der Weltausstellung hieß "Die Ozeane: ein Erbe für die Zukunft." Konsequenterweise steht auf dem Gelände auch das großartige Aquarium – nein: Ozeaneum. Über dem Tejo fährt eine Seilbahn an der Längsseite des Geländes entlang. Und am Wasser verbindet eine Promenade die Hafenbecken am Ozeaneum mit dem Vasco-da-Gama-Turm. Vielleicht der Mittelpunkt, mindestens aber das kulturelle Zentrum des Geländes, ist der Pavilhão Atlântico. Das Gebäude hat getreu dem maritimen Motto des Geländes eine Form wie eine Muschel. Die große Multifunktionshalle ist der Ort, in dem Konzerte, Sportereignisse u.v.m. stattfinden. Zum Gelände der ehemaligen Weltausstellung gehört außerdem der frühere Zukunftspavillon (Pavilhão do Futuro), in dem sich heute das Casino Lissabons findet.

Also zwei Taxen klar gemacht und ab ging es zum Expo-Gelände von 1998! Dort angekommen, zeigte die Sonne ihr schönstes Gesicht, im Gegensatz zum Vortag. Zunächst ging es ins Ozeaneum. Der Eintritt kostete 12 € pro Erwachsener. Hier gab es eine sehr vielseitige Unterwasserwelt zu entdecken.

Das Oceanário de Lisboa im Parque das Nações (Park der Nationen) ist dem Leben in den Ozeanen gewidmet. Es ist das zweitgrößte Ozeaneum der Welt. Zentral das große Hauptbecken: es fasst 500 Kubikmeter Wasser. In ihm schwimmen viele maritime Lebewesen wie Haie, Rochen und ein Schwarm Thunfische und Sardinen. In kleineren Aquarien gibt es weitere Meeresbewohner aus aller Welt zu sehen. Um das große Hauptbecken herum sind die vier Ecken des Ozeaneums gebaut, welche jeweils Regionen der Erde repräsentieren. Es gibt eine Ecke mit einem Mangrovenwald, eine andere Ecke ist der Antarktis gewidmet, hier sind Pinguine zu sehen. Fertiggestellt wurde der Bau 1996 vom Architekten Peter Chermayeff. Gebaut wurde auf einem Pier in einem Wasserbecken. Das Gebäude ähnelt dabei ein wenig einem Flugzeugträger (sagt man).

Nach ca. 90 Minuten Unterwasserwelt gingen wir wieder an die frische Luft. Direkt am Ausgang war auch die Basisstation der Expo-Gondelbahn. Mit der Hin- und Rückfahrt über das Expo-Gelände bekamen wir einen Eindruck, was hier 1998 los gewesen sein muss und wie viele Menschen hier gewesen waren.

Die Gondelbahn des Park der Nationen (Parque das Nações) wurde im März 1998 anlässlich der Weltausstellung von Lissabon – Expo 98 – eingeweiht. Sie ist Eigentum des Unternehmens Telecabina Lisboa, Lda., welches für den Betrieb und die Wartung der Anlage verantwortlich ist. Während der Expo war diese eine der großen Attraktionen und verzeichnete einen enormen Zulauf von Fahrgästen. Die Anlage besteht aus 40 verglasten Gondelkabinen mit automatisch schließenden Türen und einer Kapazität von je 8 Passagieren, denen zwei Sitzbänke zur Verfügung stehen. Die Fahrstrecke verläuft entlang des Tejo nur wenige Meter parallel zur Uferfront, wobei die Stützpfeiler im Fluss verankert sind. Sämtliche Ausrüstungen – Stationen, Kabinen und Pfeiler – sind blau-weiß angestrichen und bieten so einen schönen Kontrast zum tiefen Blau des Himmels und zum grünlichen Wasser des Flusses. Die attraktive und erholsame Strecke von 1.230 entlang des Tejo-Flusses wird in 8 bis 12 Minuten zurückgelegt. Von dreißig Metern Höhe aus hat man einen atemberaubenden Blick auf den Parque das Nações. Aus nächster Nähe erblickt man das Ozeaneum, die Docks von Olivais, den Pavillon Portugals und dahinter den Pavilhão Atlântico, die Messehallen der FIL und im Hintergrund den gesamten Parque das Nações, namentlich den Bahnhof Oriente, die Türme S. Gabriel und S. Rafael, den Turm Vasco da Gama wie auch die gleichnamige Brücke.

Bevor die Seilbahn uns wieder zu Basis-Station brachte, stiegen wir an der Mittelstation aus. Dort befand sich der Turm Vasco da Gama, ein Aussichtsturm, den wir erklimmen wollten, um die schöne Aussicht zu genießen. Leider war der Turm wegen Renovierung geschlossen, so dass wir wieder mit der Seilbahn zurückfuhren. Während der Seilbahn-Fahrt hatten wir einen guten Ausblick auf die Ponte Vasco da Gama.

Die Vasco da Gama Brücke gleich neben dem Park der Nationen ist die längste Brücke Europas: Sie ist über 17 Kilometer lang. Die Hauptöffnung ist unter dem Schrägseilbrücken-Teil, der den Fluss Tejo direkt am Expo-Gelände überspannt.

Und noch mehr Zahlen der Superlative: Die maximale Spannweite beträgt 420 Meter. Die Pylone der Brücke ist 155 Meter hoch. Die Autobahn auf der Brücke ist sechsspurig. Gebaut wurde die Brücke zwischen 1995 und 1998 anlässlich der Weltausstellung (Expo) in Lissabon, und der Bau hat 900 Millionen Euro gekostet. Die erste Brücke über den Fluss Tejo, die Ponte de 25. Abril, wurde schon 1966 fertiggestellt und wurde schnell zur wichtigsten Verkehrsader der Stadt. Im Laufe der Zeit wuchs der Verkehr so stark, dass die Brücke überlastet war. Außerdem mussten die Autos, die von und zur Ponte de 25. Abril fuhren, immer durch die Lissabonner Innenstadt. Die Innenstadt sollte entlastet und eine Nord-Süd Route zwischen Porto und der Algarve mit einer Umfahrung des Lissabonner Zentrums ermöglicht werden. Also wurde im Zuge der Expo-Planungen beschlossen, die neue Brücke am Nordrand zu bauen. Die Ponte Vasco da Gama wurde so gebaut, dass sie einem Erdbeben standhalten kann, das viermal stärker ist als das Beben von 1755. 300 Familien aus einer sehr armen Gegend mussten für den Bau der Brücke umgesiedelt werden. Und während der Bauzeit musste besondere Rücksicht auf das Wasserschutzgebiet arque Natural do Estuário do Tejo Rücksicht genommen werden.

Die Sicht von Aussichtsturm wäre phantastisch gewesen. Wieder an der Basis-Station angekommen, spazierten wir über das Gelände des Parks der Nationen zum Einkaufszentrum. Und dort erwartete Claudia und mich genau das, was wir gestern die ganze Zeit gesucht hatten. Ein hoch modernes Einkaufszentrum mit internationalen Markengeschäften, aber auch mit besonderen Geschäften, die zum Bummeln einluden. Claudia und Evelyn wurden dann auch im Geschäft „Natura" fündig. Evelyn erstand eine sehr hübsche Bluse, während Claudia ein hammermäßiges Kleid inklusive einem Netz-Poncho kaufte. Ich konnte kaum die Gelegenheit abwarten, bis Claudia das Kleid ausführte. Silke und Stefan wurden auch fündig und kamen mit zwei kleinen Trolleys an. Nachdem wir uns alle wieder zusammengefunden hatten, ging es mit dem Taxi zurück zum Schiff, denn es wurde Zeit. Schließlich sollte es nicht ohne uns ablegen. Um 13 Uhr waren wir pünktlich an Bord.

Nach kurzem Aufenthalt in der Kabine, wo wir die Einkäufe verstauten, trafen wir uns um 13:30 Uhr im Restaurant Bella Donna auf der Terrasse zum Mittagessen. Während des Mittagessens liefen wir dann auch aus Lissabon aus und konnten dieses Ereignis genießen. Vorbei an der Statue Cristo Rei und unter der Ponte de 25 Abril ging es auf hohe See Richtung Cádiz. Lissabon ist eine interessante Stadt, von der wir wahrscheinlich nur einen Bruchteil gesehen hatten. Aber das Gesehene war schon beeindruckend.

Während des Auslaufens sahen wir, dass im Hafen neben uns die Costa Fortuna lag, die wir am nächsten Tag in Cádiz wiedersehen sollten. Es ist schon erstaunlich, dass ein größeres Schiff wie die Costa später losfahren und eher in Cádiz sein sollte.

Beim Mittagessen, pünktlich zum Auslaufen, gab es wieder die übliche Kapitäns-Ansprache über den bevorstehenden Reiseabschnitt. Diesmal beschränkte sich unser Kapitän nicht nur auf das wesentliche, sondern gab sehr detaillierte Informationen. Vielleicht eine Folge unserer Beschwerde. Er erzählte uns, dass er versuchen würde, vor der Costa Fortuna im Hafen zu sein, denn die Behörden in Cádiz würden die ankommenden Schiffe der Reihe nach abfertigen. Und wir hatten alle keine Lust, 3000 Passagieren der Costa den Vortritt zu lassen. Das würde ja schließlich auf Kosten unseres Aufenthaltes in Cádiz gehen. Wir ließen uns überraschen. Das gemeinsame Mittagessen nutzten wir, um Silke und Stefan zu erzählen, dass wir für den nächsten Tag, ihre Silberhochzeit, eine besondere Überraschung vorbereitet hätten. Wir würden sie um 8:45 Uhr zu einem gemeinsamen Frühstück von der Kabine abholen.

Den Rest dieses Tages verbrachten wir an Deck und genossen die Sonne. Abends um 19:30 Uhr trafen wir uns dann am Pool-Deck, um das EM Qualifikationsspiel Deutschland gegen Schottland zusammen anzuschauen. Zu unserer Überraschung stellten wir fest, dass dieses Spiel nur im Brauhaus und in der Anytime Bar übertragen wurde. Also stellten wir uns in der Anytime Bar an einem gemeinsamen Stehtisch und versuchten, soweit es ging, das Spiel zu verfolgen. Leider war die Bestuhlung so ungünstig gewählt, dass durch die hohen Rückenlehnen der Stühle nur die ersten beiden Reihen sitzenderweise das Spiel verfolgen konnten. Hier wäre es besser gewesen, gar keine Stühle aufzustellen, sondern nur Stehtische und Barhocker zur Verfügung zu stellen. Nach dem erfolgreichen Spiel gingen wir noch in den California Grill und verputzten einige Hamburger. Es war eine sehr gesellige und lustige Runde. Wir fielen sogar der Eventmanagerin der AIDAstella auf. Sie setzte sich eine Zeitlang zu uns und stand uns für ein paar Fragen zur Verfügung. Sie erklärte uns auch, warum das Spiel nicht an Pool-Deck gezeigt wurde. Die Begründung leuchtete uns nicht ein, denn es wurde ja auch nicht die Show „Wer wird Millionär" aus dem Theatrium auf der Großleinwand gezeigt, so wie es angekündigt wurde. Nachdem die Eventmanagerin wieder gegangen war, erzählte uns Stefan noch eine Geschichte, die leider auch unseren Eindruck der immer mehr wachsenden Kommerzialisierung bestätigte. Stefan berichtete, dass das Cocktail-Shaken an Deck am Nachmittag wegen zu viel Wind ausfallen musste.

Stattdessen wurden wieder die üblichen Verkaufsstände aufgebaut, darunter auch ein Cocktail-Stand. Das war auch alles nicht so schlimm und gehörte zum Bild der AIDA an Seetagen. Aber wenn die Schlange am Cocktail-Stand zu klein wurde und der Schnapsi-Taxi-Mann anschließend aufgefordert wurde, die Passagiere zu animieren, Cocktails zu kaufen und zwar in einer Art und Weise, dass die sonnenbadenden Passagiere gestört wurden, hörte der Spaß auf. Das hatte AIDA nicht nötig, und die Passagiere hatten das nicht verdient.

Schließlich gingen wir an diesem Abend um 0:30 Uhr ins Bett, nicht ohne „AIDA heute" und Hafeninfo Cádiz zu lesen.

10. Reisetag, Cádiz

Informationen aus dem Hafeninfo Cádiz:

„Gadir, was so viel wie Burg bedeutet, wurde im tiefsten Altertum von den Phöniziern gegründet. Sie waren seefahrende Händler aus der Region des Libanon, die auf ihrer Suche nach Zinn sogar Cornwall (England) erreichten. Das war vor etwa 3000 Jahren. Zinn, Silber und Felle wechselten hier den Besitzer – die Stadt erlebte schon früh die erste Phase ihres lange währenden Wohlstandes.

In Cádiz gaben sich die verschiedensten Völker und Kulturen sozusagen die Türklinke in die Hand, darunter die Griechen, Römer, Westgoten und Mauren.

Das wahrscheinlich wichtigste Kapitel in der Geschichte der Region wurde mit der Entdeckung Amerikas geöffnet, als die Schätze der Neuen Welt nach langer Seereise in Cádiz das spanische Festland erreichten. Die Stadt wurde schnell zum wichtigsten Flottenstützpunkt und profitierte davon wirtschaftlich wie auch kulturell. Dies ist in der Altstadt mit ihren gut erhaltenen Bauten aus dem 18. Jahrhundert noch heute erkennbar. Der friedliche Handel mit den amerikanischen Kolonien führte dazu, dass Cádiz im Jahre 1770 wohlhabender als London war. Doch dieser Vergleich hielt nicht sehr lange, 30 Jahre später wurde Cádiz von Nelson unter Beschuss genommen. Der letzte historisch bedeutende Eintrag ins Geschichtsbuch der Stadt gibt eher Anlass zur Trauer: Von hier aus stach Villeneuves Flotte in See, um einen Tag später vor Kap Trafalgar vernichtend geschlagen und fast völlig zerstört zu werden.

Später, im 19. Jahrhundert, war Cádiz dank der Verfassung von 1812 für eine gewisse Zeit die Hauptstadt Spaniens. Was die meisten Besucher anzieht, ist nach wie vor das authentische spanische Ambiente und die Freundlichkeit der Bewohner, die sich in ihrem täglichen Leben widerspiegelt.

Auch die Spanier verbringen hier gerne ihren Urlaub – auf dem sandigen Brachland der 14 Kilometer langen Halbinsel wurden zahlreiche Hotels erbaut."

Um 8:00 Uhr war Aufstehen angesagt, denn wir wollten um 8:45 Uhr Silke und Stefan zur Silberhochzeit gratulieren und zum gemeinsamen Frühstück abholen. Pünktlich um 8:50 Uhr klopften Evelyn, Claudia, Heiko und ich an der Kabinentür von Silke und Stefan. Heiko hatte den Fotoapparat griffbereit und es gab zunächst die große Glückwunschumarmung, bevor wir die beiden in das Markt-Restaurant begleiteten, in der Hoffnung, dass unsere Überraschung vorbereitet war. Leider wurden wir hier schon wieder von AIDA enttäuscht, denn der Chef des Restaurants (er konnte nichts dafür) war nicht informiert. Die Rezeption hatte unsere Bestellung einfach nicht weitergereicht. Der Chef des Markt Restaurants entschuldigte sich und besorgte uns sehr schnell einen Tisch für 6 Personen. Der Tisch wurde sehr schnell eingedeckt, während der Restaurant-Chef die Bestellung aus der Rezeption abholte. Wir bekamen dann auch den bestellten Sekt, der sehr lecker schmeckte. Wir stießen auf Silke und Stefan an und ließen uns das Frühstück schmecken. Nach dem guten Frühstück gingen Evelyn, Claudia, Heiko und ich an die Rezeption, um uns zu beschweren. Leider versuchte uns die Mitarbeiterin von AIDA hinzuhalten mit den Worten, dass der zuständige Mitarbeiter sich bei uns telefonisch melden würde. Das war der Moment, wo Heiko der Kragen platzte. AIDA sollte sich doch gefälligst bei uns auf dem Handy melden, denn schließlich hatten wir keine Lust, in der

Kabine auf einen Anruf zu warten. Wir erwarteten eine bessere Bedienung von AIDA, denn es war ja nicht unser Fehler, dass die Reservierung nicht weitergeleitet wurde. Das schien zu wirken, denn nun kam die Leiterin der Rezeption zu uns. Nach der erneuten Erläuterung der Situation versprach die Leiterin, Silke und Stefan eine zusätzliche Flasche Sekt auf die Kabine zu bringen und entschuldigte sich mehrmals bei uns für die Unannehmlichkeiten. Damit konnten wir uns zufriedengeben und freuten uns auf den schönen Tag in Cádiz.

Wir gingen von Bord und fuhren mit dem Shuttle-Bus zum Terminal. Zur Erinnerung an die Silberhochzeit ließen wir uns am Schiff vor der Shuttle-Fahrt von den AIDA-Fotografen fotografieren. Die Fotografen waren während der Reise zwar überall zu finden und machten Fotos, aber dieser besondere Moment sollte eingefangen werden. Im Terminal angekommen, versorgten wir uns mit einer kleinen City-Map. In Cádiz gab es verschiedene Touren, die per Pedes gemacht werden konnten. Dazu waren nicht nur in der City-Map diese Wege farblich eingezeichnet. Dieselben Farben fanden wir auch auf den Bürgersteigen wieder, so dass ein Verlaufen unmöglich war. Ein toller Service für Touristen, der in anderen Städten auch sehr hilfreich wäre. Wir entschieden uns für die lila Route, da diese an dem Turm Torre Tavira vorbeiging. In diesem Turm befand sich eine Camera Obscura, die wir besichtigen wollten. Wenn denn die Zeit dazu ausreichen würde.

Torre Tavira ist einer von über 100 Wachtürmen in Cádiz. Die Wachtürme sind Zeugen des Handels und des Wohlstandes, den Cádiz im 18. Jahrhundert erlebt hatte. Der Torre Tamira war in dieser Zeit der offizielle Wachturm von Cádiz, da er mit seinen 45 Metern über den Meeresspiegel den höchsten Punkt der Stadt war und sich im Zentrum der Altstadt befand. Don Antonio Tavira war der erste Wächter des Turmes und hatte durch sein Fernrohr die ankommenden Schiffe aus Amerika, die mit Handelsware beladen waren, erwartet. Heute ermöglicht die Camera Obscura, Cádiz und seine urbanistische Entwicklung im 21. Jahrhundert zu verfolgen.

Die Camera Obscura ist ein optisches Instrument, das imstande ist, mit Licht auf Papier zu "malen", und zwar nicht nur die verschiedenen Helligkeitsstufen eines leuchtenden Körpers, sondern auch die unterschiedlichen Farbnuancen. Am Ende des 10. Jahrhunderts war die Funktionsweise einer Camera Obscura bereits bekannt, wurde sie doch durch die arabische Wissenschaft genauestens beschrieben, insbesondere von Abu Ali ibn al-Hasan – im Orient bekannt als Alhazan (965-1038), der das Prinzip der Camera Obscura anwendete, um die Entstehung des Bildes im Auge zu erklären.

Die Camera Obscura projiziert Bilder auf eine weiße horizontal gebeugte Leinwand, die sich im Zentrum eines vollständig dunklen, schwarz gestrichenen Raumes befindet. Die projizierten Bilder sind farbig-leuchtend und spiegeln all die Ereignisse wider, die sich im gleichen Moment außerhalb des Turmes abspielen (Bilder in Echtzeit und in Bewegung). Dank der hohen Brennweite der Linsen wird ein großartiger optischer Effekt erzielt, der auch Objekte in weiter Ferne nah erscheinen lässt. Um die Schärfe der Bilder einstellen zu können, kann die Leinwand nach oben bzw. nach unten bewegt werden, wodurch sie wie ein Focus einer Fotokamera gebraucht werden kann. Außerdem ist es möglich, den Spiegel so zu bewegen, dass die verschiedenen Teile der Stadt sehr gut visualisiert werden. Die Bilder werden dabei vor- und zurückbewegt bzw. hoch bis zum Horizont, um alles, auch die Details, besser veranschaulichen zu können. Die Hauptlinsen dieses

Geräts haben ein flaches astronomisches Objektiv, das sich mit einem Stand von 4"(10,16cm) bis 12"(30,48cm) Durchmesser und fokalen Radien herstellen lässt und für jedes Gebäude spezifisch entworfen wird.

Die wollten wir, wenn möglich, besichtigen. Die Route führte uns durch die sehr schönen kleinen Gassen von Cadiz, vorbei an einigen spanischen Geschäften, sehr zur Freude unserer Damen. An der großen Markthalle machten Evelyn, Silke, Heiko und Stefan in einem Café eine kleine Pause, während Claudia und ich die große Markthalle und weitere Gassen besichtigten. In der Markthalle hatten noch einige Stände auf, obwohl es schon Nachmittag war. Sogar noch nicht abgeholte, halbe Tunfische lagen noch herum. Nach diesem Erlebnis spazierten wir alle zur Camera Obscura. Leider betrug hier die Wartezeit zwei Stunden, so dass wir uns entschieden, direkt zum Strand zu gehen. Denn wir wollten den Aufenthalt in Cadiz nutzen, um ein wenig am Strand in der Sonne zu liegen und im Meer schwimmen zu gehen. Wir verbrachten einen sehr schönen Nachmittag am Strand, schwammen und unterhielten uns vorzüglich bei dem einen oder anderen spanischen Bier. Gegen 17 Uhr gingen Claudia und ich zurück zum Schiff. Wir hatten zu Beginn der Reise „Rossini einmal anders" gebucht, aber dazu später mehr. Wir liefen vom Strand aus die orangefarbene Route zum Schiff. Ein herrlicher Spaziergang vorbei an andalusischen Gebäuden durch den sehr schönen Parque Genoves mit interessanten Bäumen.

Der Park besitzt viele Wasserspiele und überrascht durch die vielen Formen, die die Gärtner den Sträuchern gegeben haben. Es hat richtig Spaß gemacht, hier durch zu schlendern, eine kurze Auszeit auf einer Parkbank zu nehmen, die blühenden Pflanzen und schönen Sträucher genau anzusehen. Besonders beeindruckend waren die Gummibäume, die 1902 von Nonnen als Setzlinge hierhin gebracht wurden. Wenn man sich diese Bäume anschaut, glaubt man nicht, dass sie mehr als 100 Jahre alt sind. Ein weiterer Hingucker war die künstlich angelegte Grotte mit allerlei Figuren (Dinosaurier, Krokodile, etc.). Wir hätten den Berg über der Grotte erklimmen können, hatten aber leider keine Zeit dazu. Doch von oben hätte man einen sehr schönen Blick über den ganzen Park gehabt, bis hin zum Meer. Wir mussten leider weiter zum Schiff; hier im Park hätte man sehr gut entspannen können.

Auf dem Schiff ging es dann direkt in die Kabine, wir wollten uns schick machen für den Abend. An unserer Kabinentür fanden wir eine Nachricht von Henning über den Treffpunkt am nächsten Morgen in Tanger. Henning hatte eine Führung durch Tanger organisiert und über das AIDA-Forum bekannt gegeben. Nun aber schnell unter die Dusche, Rossini wartet nicht! Um 19:30 Uhr trafen sich alle Passagiere, die „Rossini einmal anders" gebucht hatten, in der Anytime Bar. Wir freuten uns schon sehr auf diesen besonderen Abend zu zweit, schließlich war es Claudias Geburtstagsgeschenk an mich. In der Anytime Bar wurden wir mit Champagner en masse empfangen. Der Champagner, ein J.M. Gobillard & Fils TRADITION Brut, war sehr lecker, nicht so bitter, wie er üblicherweise ist. Er schmeckte sogar den anwesenden Damen.

J.M. Gobillard & Fils TRADITION Brut, die Visitenkarte des traditionsreichen, privaten Champagnerhauses Gobillard. Eine ehrlicher und fruchtiger Brut mit Aromen von Trauben, wunderbar cremiger Textur und einer schönen Perlage mit feinen Blasenketten. Traditionelle Handrüttelung und Lagerung in dunklen Kreidekellern sowie mindestens zwei Jahre Kellerreife machen aus diesem „Geheimtipp" einen Champagner par excellence.

Nach der netten Begrüßung durch die Chefin des Rossini wurden die unterschiedlichsten Carnapés gereicht, sehr sehr lecker. Nachdem wir uns hier ganz gemütlich gestärkt hatten, ging es ins Rossini, wo bei Sonnenuntergang und Ausfahrt aus Cádiz ein phantastisches Menü gereicht wurde.

Folgendes Menü wurde uns an diesem Abend serviert:

- Essenz von der geräucherten Tomate / Basilikumnocken
- Marktfrischer Fisch / Quinoa / Traubennage
- Passionsfruchtsorbet
- Presa vom Iberico Schwein / Feigen-Portwein-Sauce / Süßkartoffel Knochig / Marktgemüse
- Rhabarber / Vanille

Zu unserem Essen hatten wir einen Rotwein gewählt, einen Rotwein Zweigelt, Abfüller: Leo Hillinger.

Der Zweigelt war ein rubinfarbener Rotwein mit violettem Schimmer und schwarzem Kern. Das Bouquet nach Weichsel und Sauerkirsch, unterlegt von zarter Schokolade, der Gaumen cremig und geschmeidig. Viel Frucht, üppiges Aroma und langes Finale.

Am Tisch neben uns nahm ein älteres Pärchen aus Hamburg Platz. Die beiden waren so sympathisch und hatten sehr viel zu erzählen. Es war ein sehr unterhaltsamer Abend. Wenn ich im hohen Alter auch noch so fit bin wie mein Tischnachbar, wäre ich sehr zufrieden. Nach dem Dessert verabschiedeten wir uns, denn wir wollten noch mit unserem Silberhochzeitspaar anstoßen. Dazu gab es während des gesamten Tages leider keine Gelegenheit. Wir gingen zum Bug, wo die übrigen wohl schon einen schönen Abend hatten, denn die Stimmung war super. Silke und Stefan hatten auch an Land noch etwas zu trinken besorgt, und Gott sei Dank auch noch etwas für uns übrig gelassen. So stießen wir auf unser Silber-Paar an und erzählten von unserem Abend im Rossini.

Für Claudia und mich stand fest, dass wir zu einem späteren Zeitpunkt noch einmal Urlaub in Andalusien machen wollten. Nach geraumer Zeit gingen wir alle auf unsere Kabinen. Wie immer nicht ohne „AIDA heute" und Hafeninfo Tanger zu lesen.

11. Reisetag, Tanger

Informationen aus dem Hafeninfo Tanger:

„Im 2. Jahrtausend v. Chr. besiedelten Berber-Stämme das Gebiet des heutigen Marokko. Vom 12. Jahrhundert v. Chr. an gründeten die Phönizier an der Küste Handelsniederlassungen, darunter auch Karthago im Gebiet des heutigen Tunesien, das seit dem 8. Jahrhundert v. Chr. Stützpunkte im Mittelmeerraum errichtete. Im Innern des Landes bildete sich wahrscheinlich schon im 4. Jahrhundert v. Chr. das Königreich Mauretanien heraus, das durch den Zusammenschluss mehrerer Berber-Stämme entstanden war. Nach der Zerstörung Karthagos im Dritten Punischen Krieg 146 v. Chr. gerieten die Handelsniederlassungen an der Küste wie auch das Königreich Mauretanien unter römischen Einfluss. 33 v. Chr. wurde das Gebiet römisches Protektorat und schließlich 42 n. Chr. als Mauretania Tingitana mit der Hauptstadt Tingis (heute Tanger) und Mauretania Caesariensis mit der Hauptstadt Caesarea (heute Cherchell in Algerien) zu römischen Provinzen. Um 700 erreichten die Araber die Gegend, begannen mit der Islamisierung der Bevölkerung und benannten sie nach dem arabischen Wort für Westen, Sonnenuntergang „Maghreb": Al-Maghrib ist heute der offizielle Name Marokkos. Gegen die Herrschaft der Kalifen kam es um 750 zu zahlreichen Berber-Aufständen. 789 begründete schließlich Mulay Idris als Idris I. die Dynastie der Idrisiden mit der Hauptstadt Fes. Das Reich war bis Ende des 10. Jahrhundert Zentrum des Islam in Nordafrika. 1492 wurde die Rückeroberung Spaniens durch die Christen mit der Einnahme Granadas abgeschlossen. Vom Beginn des 16. Jahrhunderts an hatten Portugiesen und Spanier begonnen, an der marokkanischen Küste Stützpunkte anzulegen. Unter der Dynastie der Saditen entwickelten sich im 16. und 17. Jahrhundert

Handelsbeziehungen zu den europäischen Staaten. Frankreich errichtete in den wichtigen Hafenstädten Konsulate. Um 1669 ergriffen die Alawiten, die noch heute in Marokko herrschende Dynastie, die Macht. Sie befreiten in der Folge die meisten der von Spanien und Portugal besetzten Küstenstädte. Die Geschichte des modernen Marokko beginnt vor der Unabhängigkeit des Landes im Jahre 1956. Seit 1912 war Marokko (mit Ausnahme des nördlichsten Bereichs) französisches Protektorat – Ergebnis einer Politik, die die Selbstständigkeit verhindern und den Einfluss der Grande Nation unbedingt beibehalten wollte.

1956 allerdings war Tangers zweifelhafte Blüte vorbei, als Spanien und Frankreich der immer stärker werdenden Unabhängigkeitsbewegung des Landes nachgaben. Mohammed V. leitete den Übergang zu einer konstitutionellen Monarchie ein. Unter Nachfolger Hasan II., der fast 40 Jahre lang regierte, überstand das Land so manche innen- und außenpolitische Krise. Seit dem Tode seines Vaters im Jahre 1999 führt der junge Mohammed VI. das Königreich. Die zaghaften Reformen auf dem Weg zu mehr Demokratie und Modernisierung verbesserten die wirtschaftliche Not großer Teile der Bevölkerung kaum. Das Pro-Kopf-Einkommen liegt bei 130 Euro pro Monat."

Um 6:15 Uhr legte die AIDAstella in Tanger an. Der Hafen war ein reiner Industriehafen, rechts und links nur Container, und keine Minute Stillstand. Vom Anlegen hatten wir nichts mitbekommen, da unser Wecker sich erst um 8 Uhr meldete. Nach dem Frühstück trafen wir Henning um 10 Uhr an der Rezeption. Von Bord gegangen, trafen wir unseren Städteführer, Med Alami. Es hatten sich leider 14 Gäste für diese Tour angemeldet, wir hatten nur mit 8 Personen gerechnet. Das machte zwar den kleinen Bus ziemlich voll, sollte uns aber nicht weiter stören. Nachdem alle Gäste in den Bus eingestiegen waren, ging es auch schon los.

Mit dem Minibus durchquerten wir den modernen Teil von Tanger mit seinen luxuriösen Palästen und wo sich unter anderem auch die königliche Sommerresidenz befindet, bis zum Leuchtturm von Kap Spartel, der sich an der nordwestlichen Spitze (zwischen Mittelmeer und Atlantik) befindet.

Hier machten wir einen längeren Halt, um die tolle Aussicht zu genießen. Wir konnten mit bloßem Auge die Küste Spaniens entdecken. Anschließend war die Besichtigung der Herkules-Grotten geplant. Diese musste aber abgesagt werden, weil die Grotten restauriert wurden.

Kap Spartel ist ein etwa 300m hohes Vorgebirge in Marokko, das am Eingang zur Straße von Gibraltar gelegen ist. Es befindet sich westlich des Hafens von Tanger. Das Kap ist der nordwestlichste Punkt Afrikas, an dem der Atlantik auf das Mittelmeer trifft. Es überwältigt mit einer atemberaubenden Aussicht auf Tangers Bucht und die Meeresenge von Gibraltar.

In etwa 5 km Entfernung vom Kap Spartel befinden sich die kalksteinhaltigen Herkules-Grotten, die sich aufgrund des heftigen Seegangs gebildet haben. Ein Mythos erzählt, dass Herkules sich in diesen Höhlen aufgehalten hat, während er Afrika von Europa trennte. Vor den Höhlen kann man sich mit Kamelen und Eseln fotografieren lassen. Im Höhleninneren befinden sich zahlreiche Souvenirstände, und das durch breite Felsöffnungen in die Grotte eindringende Meerwasser sorgt für wunderschöne Fotomotive nach außen. Zurück in Tanger besuchten wir die Altstadt, die Kasbah. Ein Spaziergang durch die bunten Gassen der Souks

(Märkte) von Medina. Zwischendurch hielten wir bei einer Apotheke an, wo uns die Vorteile des Arganöls angepriesen wurden.

Das Arganöl wird in Marokko aus der Frucht des Arganbaums gewonnen. Es zeichnet sich durch einen hohen Gehalt von Tocopherolen (Vitamin E) und seinem intensiven Geruch aus.

Die Arganfrüchte werden traditionell von Frauen gesammelt und verarbeitet. Zuerst werden die Arganfrüchte in der Sonne getrocknet. Nach dem Trocknen der Früchte wird das Fruchtfleisch entfernt wie auch faule Kerne aussortiert, damit der Geschmack des Arganöls nicht leidet. Die harten Kerne der Frucht werden durch einen Stein aufgeklopft. Die darin enthaltenen Arganmandeln werden sorgfältig entfernt und am offenen Feuer leicht angeröstet.

In einer Steinmühle werden die Arganmandeln per Hand zermahlen. Der entstandene Brei wird dann so lange mit Wasser bearbeitet, bis sich das Öl absondert. Durch die verstärkte Nachfrage nach Arganöl werden heutzutage oft Pressmaschinen eingesetzt, da die Handpressung von Arganöl wesentlich zeitaufwändiger ist. Zur Gewinnung eines Liters handgepressten Arganöls sind etwa zwei Tage Arbeit erforderlich und ca. 30 Kilo Früchte.

Die herausragenden Eigenschaften des Arganöls sind:

> Gourmet-Speiseöl für die anspruchsvollste Gastronomie. Vorteile sind ein einmaliger Geschmack und ein sehr hoher Flammpunkt.

> Arganöl besteht zu über 80% aus ungesättigten Fettsäuren, hauptsächlich aus Ölsäuren und Linolsäuren.

Arganöl verfügt über sehr hohe Anteile an natürlichen Antioxidantien zum Schutz vor freien Radikalen.

Arganöl beugt der Austrocknung und Hautalterung vor und wird zudem auch bei ernsten Hautproblemen empfohlen. Viele Marokkaner reiben ihre Haut regelmäßig mit dem kostbaren Öl ein.

Arganöl ist ein bedeutendes Anti-Aging-Produkt der Natur ohne Nebenwirkungen. Wichtig für Frauen und Männer in der Mitte des Lebens.

Nach der Produktpräsentation kauften einige aus der Reisegruppe die Produkte. Danach führte uns Med Alami weiter durch die Gassen der Medina. Unterwegs machten wir halt in einem marokkanischen Kaufhaus, wenn man das so nennen kann. Es war ein zweistöckiges Haus voll mit landesüblichen Produkten wie Schmuck, Uhren, Teppichen etc. Nach diesem Stopp ging es weiter zu einem Markt mitten in der Altstadt von Tanger. Bevor wir aber die Markthallen betraten, gab uns Med Alami Minzblätter. Sie sollten die Gerüche, die wir auf dem Markt einatmen würden, neutralisieren. Das war auch wichtig. Denn was wurde nicht alles auf diesem Markt angeboten! Fisch, Fleisch, Obst, Gemüse, Kräuter und noch vieles mehr. Es wurde aber nicht gekühlt und lag offen aus. Dementsprechend roch es auch ein wenig. Manche von uns konnten es nicht aushalten und gingen wieder sehr schnell aus dem Markt heraus. Ich sah mir alles in Ruhe an und konnte auch einige Fotos machen. Nachdem wir den Markt verlassen hatten, gingen wir zu einem kleinen Platz am Rand der Altstadt. Hier gab es kleine Cafés, und wir setzten uns. Eine kleine Pause hatten wir uns verdient. Danach gingen wir weiter in Richtung Hafen. Unterwegs wurden wir von fahrenden Händlern angesprochen, ob wir nicht etwas kaufen wollten. Leider hatten wir uns zu sehr von den Warnungen im Vorfeld der Reise beeindrucken lassen und wiesen die Händler ab. Später trauerten wir dem nach, denn die angepriesenen Produkte waren im Grunde sehr schön und kosteten auch nicht viel.

Beim letzten Aussichtspunkt, ca. 500m Luftlinie vom Schiff entfernt, entschieden sich einige der Tour-Teilnehmer, noch weiter in Tanger zu bleiben und etwas auf eigene Faust zu unternehmen. Der Rest, Claudia und ich auch, fuhr mit dem Bus zurück zum Schiff. Wir hatten schon einen guten Eindruck von Tanger gewonnen und fanden es lange nicht so schlecht, wie es teilweise im Vorfeld erzählt wurde. Auf dem Schiff angekommen, gingen wir noch an Deck, ein wenig Sonne tanken. Nach einem Cocktail gingen wir in die Kabine und zogen uns für das Abendessen um. Um 20 Uhr trafen wir die anderen vier unserer kleinen Reisegruppe und tauschten unsere Erlebnisse des Tages aus. Evelyn und Heiko hatten eine Bike-Tour unternommen, während Silke und Stefan an Bord geblieben waren. Nach dem Abendessen gab es im Theatrium noch eine Foto-Session auf der Bühne mit den Mitgliedern des Show-Ensembles, dem Kapitän und den übrigen Offizieren. Anschließend, und darauf hatten wir uns schon gefreut, kam Andy Sauerwein auf die Bühne und las aus seinem Logbuch der Reise vor, einer Ansammlung seiner Erlebnisse der Reise, die er auf humorvolle Art und Weise zum Besten brachte.

Hier ein kleines Beispiel:

„… im Übrigen fällt mir auf dem Polodeck auf, dass diesmal auffällig viele Handtücher und T-Shirts alleine reisen und die Liegestühle belegen."

Als Zugabe holte Andy den technischen Aufnahmeleiter F. Washington auf die Bühne. Mann, hatte er eine super Stimme! Er sang „Nessun dorma", das Lied, welches Paul Potts so berühmt gemacht hatte. Wir bekamen alle eine Gänsehaut. Nach der Show nahmen wir noch einen Absacker in der Destille, dann ging es in die Kabine. Nicht ohne „AIDA heute" und Hafeninfo Casablanca lesen.

12. Reisetag, Casablanca

Informationen aus dem Hafeninfo Casablanca:

„Geschichtlich ist die Berbersiedlung Anfa aus dem 8. Jahrhundert als „Keimzelle" Casablancas zu sehen, denn auf ihren Grundmauern entstand die heutige Stadt. Während des Mittelalters kamen und gingen die Almoraviden, Almohaden und Meriniden. Als erste Europäer hinterließen die furchtlosen portugiesischen Entdecker und Händler, die eine Handelskette für die Gewürze aus dem Osten aufbauten, ihre Spuren. Die zahlreichen Übergriffe der Portugiesen auf die Atlantikküste im 15. und 16. Jahrhundert beeinflussten die Entwicklung der Stadt Casablanca genauso wie die Aktivitäten der Piraten, die vom Berberdorf Anfa aus operierten. Im Jahre 1496 wurde diese Siedlung von der Armee Don Ferdinands völlig verwüstet. Ein weiterer Überfall portugiesischer Truppen fand im Jahre 1515 statt. Erst 1575 wurde die Stadt von den Portugiesen besetzt und besiedelt, zusammen mit dem befestigten Hafen wurde der Ort fortan Casa Branca genannt. Die Besetzung dauerte bis zum Jahre 1755. Im 18. Jahrhundert wurde sie von den Arabern unter dem Namen Dar el Beida neu gegründet. Spanische Kaufleute ließen sich ebenfalls dort nieder und gaben der Stadt den Namen Casablanca. Unter dem alouitischen Sultan Sidi Mohammed Ben Abdallah blühte die Stadt auf. Er versah sie mit einer Medersa, öffentlichen Bädern und einer Moschee, die seinen Namen trägt. Als Folge der französischen Herrschaft bis 1956 siedelten sich viele Europäer in Casablanca an. Der Ausbau des Hafens nach dem Ersten Weltkrieg unter dem französischen General Lyautey legte den Grundstein zur wirtschaftlichen Entwicklung der Stadt. Die nahen Phosphatlager *machten die Stadt zur wichtigsten Handelsmetropole. Casablanca konnte seine Stellung als Wirtschaftsmetropole auch nach der Kolonialzeit halten und ist heute die bedeutendste Stadt des Landes."*

Wir standen um 8 Uhr auf und hatten über unser AIDA-TV gesehen, dass wir schon im Hafen vor Anker lagen. Casablanca hatte auch einen Industriehafen, so dass wir auf der einen Seite nur Container sahen, während auf der anderen Seite das offene Meer zu sehen war. Um 10 Uhr trafen wir uns mit den anderen vier zur Casablanca-Tour auf eigene Faust. Wir wollten hier die Moschee Hasan II, Rick's Café und die Altstadt besichtigen. Da die Moschee am weitesten entfernt war, wollten wir dort anfangen. Von Bord gegangen, sprangen uns schon die ersten Taxifahrer entgegen und wollten uns für 10 € pro Person zur Moschee fahren. Da wir uns vor der Reise auch über Casablanca informiert hatten, wussten wir, dass es auch preiswerter geht.

Wir lehnten daher die Angebote freundlich ab und gingen erstmal zu Fuß weiter. Das Hafengelände war recht groß, so dass wir bestimmt 2-3 Kilometer laufen mussten, um aus dem Hafengelände hinaus zu kommen. Das Hafengelände war durch Zäune und eine Eingangskontrolle abgesperrt. Kurz nach dem Ausgang aus dem Hafengelände sprachen uns dann die nächsten Taxifahrer an, darunter auch einer mit einem Van. Das passte uns sehr gut, da wir hier alle sechs Platz fanden. Und das schöne war noch, dass der Taxifahrer sage und schreibe nur 10 € für das Fahrzeug haben wollte. Also ab zur Moschee.

Unterwegs kamen wir an Rick's Café vorbei, so dass wir uns jetzt schon den Weg von der Moschee zum Café merken konnten. Wir gelangten nun zur drittgrößten Moschee der Welt, sehr imposant.

Die Hassan II Moschee in Casablanca ist eine der größten Moscheen der Welt. Ihr Minarett ist mit 210 Metern Höhe das derzeit höchste Minarett und das höchste religiöse Bauwerk der Welt. Sie wurde anlässlich des 60. Geburtstags des ehemaligen marokkanischen Königs Hassan II erbaut und 1993 fertiggestellt. 2500 Arbeiter und 10000 Handwerker arbeiteten sechs Jahre lang an der Moschee. Am 30. August 1993 wurde der Bau eingeweiht. Diese Moschee fasst 40 000 Menschen, 35000 Männer und auf den Emporen zu beiden Seiten je 2500 Frauen. Außerdem können 80000 Menschen auf dem Moscheenplatz beten. Das gesamte Areal umfasst 20000 qm und das Hallendach, das sich öffnen lässt, ist eine technische Besonderheit. Das Moscheegelände umfasst 9 ha. Die Moschee darf auch von Nicht-Muslimen gegen Eintrittsgeld betreten werden.

Finanziert wurde die Moschee durch das Volk, da die Moschee als "Geschenk des Volkes an seinen König" apostrophiert wurde. Somit mussten enorme Summen für ihre Erbauung aufgebracht werden, natürlich über Steuern, die das Volk tatsächlich bezahlte, wenn auch nicht freiwillig. Aufgrund der enormen Summen, die diese Konstruktion verschlang, geriet der König in harsche Kritik, die ihn letztlich aber nicht davon abhielt, diese Moschee errichten zu lassen.

Silke, Claudia, Stefan und ich buchten eine einstündige Führung, während Evelyn und Heiko darauf verzichteten. Sie hatten zu einem früheren Zeitpunkt in der Türkei eine ähnlich große Moschee gesehen und wollten lieber die Zeit nutzen, um ein kleines Sonnenbad zu nehmen.

Unsere Führung durch einen deutschsprachigen Marokkaner war hochinteressant und brachte viel Wissenswertes über die Moschee und ihre Besucher zu Tage. Der Marokkaner begleitete uns in sehr sympathischer, freundlicher und humorvoller Art durch die einzelnen Räume der Moschee.

Nachdem wir 12 € Eintritt bezahlt hatten, bekamen wir neben der Eintrittskarte einen weißen Beutel. Der Beutel war natürlich für unsere Schuhe, denn die mussten wir ausziehen. Auf leisen Sohlen gingen wir auf Teppichböden und es begann das große Staunen. Was für eine Pracht, was für gigantische Innenausmaße und welch eine bewundernswerte handwerkliche Spitzenleistung. Alles an den Säulen und Wänden mit Fliesen, in Marmor, Stuckarbeiten in Vollendung, Messingwände und –türen, Emporen und Treppen in feinsten Holzornamenten. Kronleuchter in Silber und Messing, einfach umwerfend schön.

Wir besuchten auch die Waschräume der Gläubigen. Hier wird vor dem Gebet der Körper mit Wasser gereinigt an speziell aufgestellten marmornen Wasserbecken. Männer und Frauen waschen sich selbstredend getrennt.

Nach unserem Rundgang trafen wir Evelyn und Heiko vor dem Eingang wieder. Gemeinsam sind wir dann zu Rick's Café gelaufen. Der Weg dauerte ungefähr 30 Minuten und führte uns vorbei an der Seekadetten Schule von Casablanca.

Und da standen wir dann vor Rick's Café. Das Café war nicht der Original-Schauplatz aus dem Oscar-prämierten Film „Casablanca". Der im Jahr 1942 entstandene Hollywoodfilm gilt für viele bis heute als der ergreifendste Liebesfilm aller Zeiten. Kathy Krieger eröffnete dieses Café 2004, nachdem sie 2001, nach den Terroranschlägen von New York, aus dem diplomatischen Dienst ausgeschieden war. Sie wollte stattdessen ein Café in Anlehnung an den populären Hollywoodfilm in der marokkanischen Stadt Casablanca eröffnen.

Vor dem Café stand ein Türsteher und fragte uns, ob wir essen oder „nur" trinken wollten. Wir hatten noch keinen Appetit und sagten deshalb, dass wir nur etwas trinken wollten. Natürlich wollten wir die Chance nutzen und die Requisiten aus dem Film mit Humphrey Bogart und Ingrid Bergmann besichtigen.

Nach telefonischer Rücksprache des Türstehers hatten wir Glück, dass noch für sechs Personen Plätze frei waren. Als wir dann ins Café eintraten, erkannten wir sofort die ersten Requisiten. Wir wurden in die erste Etage geführt, wo an der Fensterseite ein kleiner Bereich für die „nur trinkenden" Gäste abgetrennt war. Dort konnten wir uns an einem Pokertisch setzen, der als Restauranttisch umfunktioniert war. In diesem Bereich hatten etwa 15 Personen Platz, und alle Plätze waren auch besetzt. Die Restaurant-Plätze, die den Rest des zweistöckigen Cafés ausmachten, waren alle frei. Kaum nachzuvollziehen, aber genauso war es. Wir hatten uns alle etwas zu trinken bestellt und genossen die kühlen Getränke, denn in Casablanca war es mit aktuellen 33 Grad schon recht heiß. Nachdem wir uns ausgeruht und die Getränke bezahlt hatten, nutzte ich beim Hinausgehen die Gelegenheit, die vorhandenen Requisiten aus dem Film zu fotografieren.

Vor dem Café überlegten wir dann, wie wir am besten zur alten Medina kamen, der Altstadt von Casablanca. Wir gingen aufs Geratewohl ein paar Straßen entlang und kamen dabei durch schmale Gassen mit kleinen Obst-, Fleisch- und Gemüseständen. Am Anfang der Medina fiel Heiko ein Barbier auf, und er wollte sich dort rasieren lassen. Das hatte Heiko schon Tage vorher auf der AIDAstella angekündigt. Aus diesem Grund hatte er sich auch zwei Tage nicht rasiert. Es sollte sich schließlich lohnen. Wir gingen alle mit in das Barbiergeschäft und wollten uns das Schauspiel anschauen. Im Barbiergeschäft wurden wir von zwei jungen, freundlichen Marokkanern empfangen. Zunächst einmal wurden Heiko und Stefan nach monomanischer Sitte rasiert. Nachdem die beiden fertig waren, wurde auch ich entsprechend rasiert. Die aufwendige Prozedur bestand aus einem gründlichen Einseifen und einer mehrfachen Rasur mit einem Rasiermesser. Anschließend wurde das Gesicht mit einem pflegenden Aftershave einmassiert. Zum Schluss wurden noch die Konturen der Kopfhaare geschnitten. Unsere Frauen hatten sichtlich Spaß an der Zeremonie, so dass es für alle ein schönes Erlebnis war. Statt der geforderten 2 € pro Person haben wir den Betrag verdoppelt. Nachdem auch noch die Facebook-Kontakte ausgetauscht waren, ging es weiter durch die Medina. Nachdem wir ein wenig umherirrten, denn wir wussten nicht wirklich, ob wir auf dem richtigen Weg waren, überlegten wir, angetrieben von unseren Frauen, ob wir nicht noch zu Marokkos größter Shopping-Mall fahren sollten. Wir hatten in Casablanca alles besichtigt, was wir uns vorgenommen hatten, hatten aber noch genügend Zeit und noch keine Lust, zum Schiff zurückzufahren. Wir gingen zurück zu Rick's Café, denn dort standen Taxen. Nach ein paar Verhandlungen bekamen wir zwei Taxen, die jeweils 10 € kosteten. Unsere Taxifahrer fuhren uns dann quer durch Casablanca auf die andere Seite der Stadt zur Shopping-Mall. Dort angekommen, erwartete uns eine sehr europäische Einkaufswelt, nichts zu sehen von marokkanischem Flair. Die meisten Besucher waren europäisch gekleidet und auch die Geschäfte waren eher typisch europäische Geschäfte. Da wir hungrig waren, gingen wir zunächst zur Terrasse eines Burger-Restaurants und stärkten uns mit Burger, Bier und Cola. Während des Essens beschlossen wir, uns pärchenweise zu trennen und die Mail auf eigene Faust zu erkunden. Hierfür gaben wir uns 1,5 Stunden Zeit. Danach wollten wir noch an den Strand, der direkt an der Mall lag. Jedes Pärchen zog also los und drehte seine Runden in der Mall. Für uns war leider kein passendes Geschäft dabei, denn Angebot und Preise ähnelten doch sehr den Einkaufsmetropolen Deutschlands.

Nach den anderthalb Stunden trafen wir uns am Ausgang der Shopping-Mall und spazierten ein wenig die Strandpromenade entlang. Nach wenigen Metern kamen wir zu einem Steg, der zu einer kleinen, ca. 300 m weit entfernten Insel führte. Auf dieser Insel standen kleine Häuser von armen marokkanischen Bürgern, die einfache Dinge als Souvenirs an Touristen verkauften. Hier bekamen wir einen kleinen, aber sehr guten Eindruck vom Leben in Marokko in armen Verhältnissen. Das sind Situationen, die uns zeigen, wie gut es uns im Grunde geht. Nach einem kleinen Rundgang über die Insel gingen wir dann wieder zurück zur Mall, um uns dort zwei Taxen zurück zum Schiff zu beschaffen. Auch dieser Preis belief sich auf 10 € pro Taxi, irgendwie ein Einheitspreis in Casablanca. Die Taxifahrer brachten uns direkt zum Schiff. Unterwegs hatten wir die Gelegenheit genutzt, uns noch in gebrochenem Englisch mit dem Taxifahrer zu unterhalten. So erfuhren wir noch mehr über das Leben und Arbeiten in Casablanca.

An Bord gingen wir auf dem direkten Weg in die Kabine, ausruhen, denn der Tag war schon recht anstrengend gewesen. Abends trafen wir uns dann auf der Terrasse des Bella Donna Restaurants zum Abendessen. Nach dem Essen gingen wir zum Foto-Shop der AIDAstella. Wir suchten uns die Bilder aus, die uns am besten gefielen und bestellten sie zum Abholen am nächsten Tag. 7,95 € für ein Foto ist zwar recht teuer, aber ein paar wenige Fotos sollten es dann doch sein. Schließlich hatten wir nicht immer und überall die Digitalkamera dabei. Danach trafen wir uns alle am Pool Deck zur Full Moon Party, denn heute Nacht war Vollmond. Einige der Crew-Mitglieder hatten sich entsprechend verkleidet und liefen als Werwölfe oder ähnliche Fabelwesen herum. Claudia und ich ließen uns dann auch mit mehreren verkleideten Crew-Mitgliedern fotografieren. Wieder ein AIDA-Foto, welches wir dann am nächsten Tag mit den anderen abholen könnten. Die Party traf jetzt nicht so wirklich unseren Geschmack, so dass Claudia und ich in die Anytime Bar gingen und einen Cocktail tranken, während die übrigen vier sich an einem Tisch am Pool-Deck gemütlich hingesetzt hatten und sich unterhielten. Wieder zurück am Pool Deck, verfolgten und bestaunten wir die Mitternachtsshow des Show-Ensembles. Wirklich eine unterhaltsame Show mit vielen Tanz- und Gesangseinlagen. Anschließend wurde noch lange weitergefeiert, denn auch die Crew-Mitglieder hatten jetzt wohl die Erlaubnis mitzufeiern. Das war das einzige Mal auf der ganzen Reise, dass die Crew mit den Passagieren zusammen gefeiert hatte. Claudia und ich sind dann um halb zwei ins Bett gegangen, mit dem Vorsatz, am nächsten Tag auszuschlafen. Es war schließlich Seetag angesagt, und der Tag in Casablanca war sehr anstrengend. Diesmal gab es nur die „AIDA heute" und kein Hafeninfo.

13. Reisetag, 4. Seetag (von Casablanca nach Arrecife)

Heute, am 4. Seetag, war Ruhe angesagt und am Nachmittag unser Cocktail-Workshop. Nach dem Aufstehen und einem ausgiebigen Frühstück waren wir gegen 11 Uhr auf dem Sonnendeck. Natürlich waren alle Liegen wieder besetzt, wie sollte es auch anders sein. Claudia und ich legten uns auf die Holzflächen. Es war nicht so hart wie erwartet und wir genossen die Sonne. Am Pool, den wir von unserer Position aus nicht sehen konnten, wurden wieder die AIDA-Verkaufsstände aufgebaut. Zwischendurch kamen AIDA-Eisverkäufer und boten kühles Eis bei den heißen Temperaturen an. Das fanden wir eine nette Idee, wenn wir auch nichts kauften. Mittags haben wir dann im Markt-Restaurant gegessen, denn wir wollten uns vor dem anstehenden Cocktail-Workshop noch ausgiebig stärken. Um 15 Uhr sind wir dann nach unserem ausgiebigen Sonnenbad in die Kabine gegangen, umziehen zum Workshop. Wir waren sehr gespannt, was uns dort erwarten würde. Schön, dass Evelyn und Heiko vor der Reise die gleiche Idee hatten, und schade, dass Silke und Stefan nicht mitkonnten. Der Cocktail-Workshop in der Anytime-Bar hat abschließend gesagt einfach nur Spaß gemacht, war aber auch sehr lehrreich, was das Mixen von Cocktails angeht. So haben wir neben der Verwendung von Cocktail-Utensilien vor allem gelernt, welche Flüssigkeit (Saft, Schnaps, Sirup) wie viele Sekunden eingegossen werden muss. Auch die gesamte Menge an Zutaten ist wichtig, um einen Cocktail zuzubereiten. Natürlich hatten Heiko und ich alle 5 Cocktails zubereitet und getrunken. Claudia mit vier Cocktails – den „Long Island Ice Tea" mochte sie nicht – war auch gut dabei.

Wir durften folgende Cocktails selbst zubereiten und anschließend trinken:

Pina Colada, Planter's Punch, Mai Tai, Long Island Ice Tea und Sex on the Beach.

Zusätzlich gaben uns unsere Lehrer noch einige Tipps zum Zubereiten der Cocktails mit auf den Weg. So sollte man immer viel Eis benutzen, das macht nach dem Shaken ein kaltes Getränk, egal welche Lufttemperatur im Augenblick vorliegt. Dann lernten wir noch, wie oben schon beschrieben, zu zählen, um die unterschiedlichsten Getränke in den Shaker zu füllen. Bei Spirituosen bedeutete 1 Sek. 1 cl, beim Saft bedeutete 1 Sek. 2 cl und beim Sirup 1 Sek. 0,5 cl. So kann jeder zuhause recht einfach die Cocktail-Rezepte nachmachen.

Zum Abschluss des Workshops zeigten unsere Trainer noch eine schnelle, amüsante Art der Zubereitung von 20 Longdrinks in 10 Sekunden. Wirklich einmalig. Der Longdrink hatte eine gute Mischung, bestand er doch aus einem Teil Wodka und zwei Teilen Fanta, Cola oder Sprite. Mit den noch nicht ausgetrunkenen Cocktails gingen wir dann auf die Terrasse, genossen die Sonne und die letzten Schlucke unserer Cocktails. Anschließend ging es dann in die Kabinen, für das Abendessen umziehen. Wir trafen uns dann um 20 Uhr auf der Terrasse des Bella Donna Restaurants.

Hier kamen auch Silke und Stefan dazu und erzählten von ihrem Tag, darunter auch die Kapitänsfragestunde. Hier konnten die Kinder an Bord Fragen an den Kapitän stellen, der diese dann auch sehr kindgerecht und sachlich beantwortete, natürlich auch mit einem gewissen Witz. Silke und Stefan waren begeistert. Genauso begeistert berichteten wir über unseren Cocktail-Workshop.

Zum Abschluss eines sehr schönen Tages machte der AIDA-Fotograf noch ein sehr schönes Foto von uns sechs. Nach einem letzten Bierchen gingen wir dann in die Kabine.

Eine kleine Anmerkung: Die Bierwertmarken, die wir uns im Vorfeld bei AIDA bestellt hatten, gelten ausschließlich für das normale Bier (= Pils). Alle anderen Biersorten, z.B. Weizen, müssen separat bezahlt werden. Ins Bett gingen wir nicht ohne „AIDA heute" und Hafeninfo Lanzarote (Arrecife) zu lesen.

14. Reisetag, Lanzarote (Arrecife)

Informationen aus dem Hafeninfo Arrecife:

„Die Kanarischen Inseln gehören seit Jahrhunderten zu Europa, aber sie befanden sich nicht immer unter der gleichen Herrschaft. Obwohl heute zu Spanien gehörend, findet der Besucher hier wenig, was ihn an das spanische Festland erinnern könnte.

Die Legende von Atlantis, der Insel, die im Meer verschwunden ist, wurde oft mit dieser Gegend in Verbindung gebracht. Nach den alten Griechen ist die Insel am Rande der Welt über Nacht in einem Sturm oder Erdbeben untergegangen, lediglich sieben Gipfel schauten danach noch aus dem Wasser heraus. Möglich also die Theorie, dass dies die sieben Gipfel der Kanarischen Inseln sind.

Um den Namen der Insel spinnen sich weitere Legenden. Einige glauben, Lanzarote wurde nach Lancelotto Maricello, dem Seemann aus Genua, benannt, der die Insel 1312 entdeckt hatte. Die letzte Erklärung ist, dass im Jahre 1402 Jean de Bethencourt, ein normannischer Ritter, nach der Unterwerfung der eingeborenen Ureinwohner der Insel seine zerbrochene Lanze in die Luft geworfen und ‚Lanza rota' ausgerufen haben soll - was so viel wie zerbrochener Speer oder: ‚Der Kampf ist beendet...' bedeutet. Wie dem auch sei, die Besonderheit der Insel veranlasste die UNESCO 1993, Lanzarote zum Biosphärenreservat zu erklären. Bei der wirtschaftlichen Entwicklung soll die Umweltproblematik vorrangig berücksichtigt werden.

Am bekanntesten auf Lanzarote sind die Montanas del Fuego, die Feuerberge, im faszinierenden Timanfaya-Nationalpark. Die dramatische, öde Landschaft ist durch vulkanische Eruptionen geformt worden, die 1730 begannen und sechs Jahre andauerten.

Die zerstörerischen Ausbrüche bedeckten eine Fläche von 200 km² vollständig mit Lava. Die fließenden Lavaströme von einst haben heute verblüffende Ähnlichkeit mit versteinerten Flüssen. Beim Aufstieg auf die Berge genießt man mit zunehmender Höhe den ungewöhnlichen Ausblick auf mehr als 300 Krater. Die Feuerberge selber, Timanfaya und Tinecheide, erreichen mit der Atem beraubenden Islote de Hilario, einem der heißesten Orte der Insel, ihren Höhepunkt. Die Bodentemperaturen liegen hier in 10 Zentimeter Tiefe schon bei 140 °C, in 60 Zentimeter Tiefe sind es dann mehr als 460 °C. Es wird gerne demonstriert, wie in die Erde gegossenes Wasser sofort als Dampfstrahl wieder ausgestoßen wird.

Auf eine heiße Stelle platzierte Äste oder Stroh fangen sofort an zu glimmen und gehen in Flammen auf. Eine Kuriosität stellt die grüne Lagune namens El Golfo nahe des Meers am Fuße eines halbkreisförmigen Kraters dar. Die Wissenschaftler sind bis heute nicht sicher, warum das Wasser der Lagune gelblich-grün gefärbt ist. Einige vermuten Algen als Ursache, andere glauben, das im Überfluss auf der Insel vorhandene Mineral Olivin sei verantwortlich für die Wasserfärbung."

Nach dem Aufstehen und Frühstücken gingen Claudia und ich um 10 Uhr von Bord. Für uns stand heute nur der Strand auf dem Plan. Schließlich wollten wir auch ein wenig Bräune mit nach Hause nehmen und im Meer schwimmen. Silke, Evelyn, Stefan und Heiko wollten sich ein Auto leihen und etwas von der Insel anschauen. Claudia und ich liefen zur Touristeninfo und erkundigten uns nach einer Möglichkeit, zum Puerto del Carmen zu gelangen. Das war unser ausgesuchtes Ziel für heute, das Badeparadies im

Osten der Insel. Entlang der sechs Kilometer langen Strände läuft eine lebhafte Promenade.

In der Touristeninfo erklärte man uns zwei Möglichkeiten. Die erste war von hier aus zur Busstation von Arrecife, dem Terminal de Guaguas de Arrecife zu laufen, und vor dort den Bus zu nehmen. Allerdings würde das etwa 40 Minuten Fußmarsch bedeuten, oder wir würden den AIDA-Bustransfer nutzen, der hier extra angeboten wurde. Die zweite Möglichkeit wäre, ein Taxi direkt nach Puerto del Carmen zu nehmen, was zwischen 15 und 20 € kosten würde. Ich machte mich erst einmal auf den Weg zurück zur AIDA, um mich nach der Mitfahrmöglichkeit im Shuttlebus zu erkundigen. Hier teilte mir das AIDA-Personal mit, dass eine Fahrt zur Busstation pro Person 6 € kosten würde. Mit dieser Information ging ich zurück zu Claudia, um mit ihr abzusprechen, was wir nun machen sollten. In der Zwischenzeit hatte Claudia ein Pärchen kennengelernt, das ebenfalls nach Puerto del Carmen wollte. Kurzerhand teilten wir uns mit vier Personen ein Taxi und ab ging es zum Strand! Für die Fahrt bezahlten wir 22 €, gerecht durch zwei geteilt. Wir stiegen am Anfang der Strandpromenade von Puerto del Carmen aus und verabredeten mit dem anderen Pärchen für 16 Uhr an derselben Stelle. Wir würden uns dann ein Taxi zurück zum Schiff ebenfalls teilen.

Claudia und ich spazierten zunächst die Promenade entlang. Die Geschäfte hier ähnelten sehr den Geschäften, die wir von unseren Reisen auf Fuerteventura kannten. In einem Geschäft wurde ich sogar fündig und fand ein paar schöne Sommerschuhe. Diese kaufte ich aber erst nach unserem Strandbesuch am späten Nachmittag. Nach dem Spaziergang ging es an den Strand. Wir erkundigten uns nach den Preisen für die Liegestühle, denn es war schon sehr windig und im Sand liegen würde uns schnell „panieren". Überraschenderweise erklärte uns das Strandpersonal, dass im September die Liegen und Schirme kostenfrei genutzt werden konnten. Super, ab auf die Liegen und Sonne genießen! Nach einem sehr entspannten Tag ging es dann zurück zum vereinbarten Treffpunkt, vorbei am Schuhgeschäft, die Schuhe kaufen. Nach kurzer Zeit kam auch das andere Paar, und wir fuhren mit dem Taxi zurück zum Schiff. An Bord nutzten wir die Zeit bis zum Auslaufen und gingen noch kurz in die Sonne, Restbräune holen.

Um 18 Uhr trafen wir die anderen vier wieder, um das Auslaufen der AIDAstella gemeinsam bei herrlichstem Wetter zu genießen. Nachdem wir noch einige Fotos vom Auslaufen geschossen hatten, gingen wir zum AIDA-FotoShop, die bestellten Bilder und das Foto von der Full Moon Party abzuholen. Um 19:45 Uhr trafen wir uns dann mit Silke und Stefan im East Restaurant. Nach dem Essen, so gegen 21 Uhr, kamen Evelyn und Heiko dazu. Anschließend gingen wir zur Außentrasse der Anytime Bar, denn die warmen Temperaturen luden zum Verweilen ein. Schließlich war irgendwann Bettzeit angesagt, so dass wir gemeinsam Richtung Kabinen gingen. Auf dem Weg dorthin wollten wir spontan noch einen Abstecher zum Brauhaus unternehmen, da an diesem Abend dort noch einmal ein Karaoke-Abend veranstaltet wurde. Und da war ja noch eine Rechnung mit Heiko zu begleichen. Im Brauhaus angekommen, war die Karaoke-Show schon in den letzten Zügen. Stefan und ich nutzten die Gelegenheit, als Heiko zur Toilette ging, um ihn mit einem speziellen Lied anzumelden. Er sollte schließlich noch seine kleine Strafe bekommen. Als Heiko zurückkam, wurde er auch schon vom Moderator angekündigt. Heiko durfte das Lied „Anton aus Tirol" von DJ Ötzi singen, nicht minder schwer wie mein „Ruhrgebiet" von Wolle Petry. Er nahm es mit Humor und brachte eine gute und lustige Show. Wir hatten alle unseren Spaß, und Heiko und ich waren quitt. Nach Heikos Gesangdarbietung gingen wir dann endgültig in unsere Kabinen. Claudia und ich nicht ohne „AIDA heute" und Hafeninfo Teneriffa.

15. Reisetag, Santa Cruiz de Tenerife

Informationen aus dem Hafeninfo Santa Cruz de Tenerife:

„Die Kanarischen Inseln waren den Römern mit Sicherheit bekannt, sie werden in zeitgenössischen Schriften als die „Glücklichen Inseln" beschrieben. Die Ureinwohner waren die Guanchen, welche – so wird angenommen – die Inseln von Nordafrika aus kommend ca. 500-800 v. Chr. besiedelten. Es handelte sich um ein primitives Volk von Höhlenbewohnern, die mit den Menschen aus der Steinzeit verglichen werden und Ackerbau und Viehzucht betrieben.

Während des 15. Jahrhunderts wurden die Kanarischen Inseln einmal mehr zum Ziel der sich ausbreitenden spanischen Kolonisation. Der andalusische Adlige Alonso Fernández de Lugo führte bei der Eroberung von Teneriffa die spanischen Truppen an. Das Volk der Guanchen zeigte zu Anfang starken Widerstand gegen die Angriffe und erzielte bei den Schlachten sogar einige Erfolge. Doch im Jahre 1495 mussten sich die Bewohner Teneriffas angesichts der spanischen Übermacht und überlegenen Feuerkraft geschlagen geben. Das Dorf La Victoria ist etwa 27 Kilometer von Santa Cruz de Tenerife, kurz Santa Cruz genannt, entfernt. Es wurde exakt an der Stelle der letzten entscheidenden Schlacht errichtet.

Von da an bis 1936 gab es nur vier wichtige historische Ereignisse im Zusammenhang mit Teneriffa – und drei davon haben mit Angriffen der Britischen Marine auf die Insel zu tun. Der erste war im April 1657, als Admiral Blake eine ganze Flotte spanischer Schatzschiffe in der Bucht von Santa Cruz zerstörte. Unglücklicherweise starb der siegreiche Admiral drei Monate später, als sich seine Flotte bei der Rückkehr gerade dem Hafen von Ply-

mouth näherte. Der zweite Angriff geschah im Jahr 1706 während der spanischen Erbfolgekriege, Admiral Jennings versuchte damals vergeblich, die Inseln zu erobern. Die dritte historische Schlacht um Santa Cruz focht Admiral Horatio Nelson am 24. Juli 1797 mit einer Flotte von acht Schiffen. Ebenfalls ein recht ruhmloses Unterfangen, zumal Nelson bei dieser Gelegenheit auch noch seinen rechten Arm verlor.

Ein verhältnismäßig glücklicheres Ereignis fand im Januar 1788 statt, als die „Bounty" unter dem Kommando von Kapitän Bligh in den Hafen von Santa Cruz einlief. Die „Bounty" war nach dem Auslaufen von England in heftige Stürme geraten und bedurfte nach ihrer Rettung einiger Reparaturen. Außerdem musste der Proviant dringend aufgebessert werden. Wieder aufgefüllt und repariert, setzte die „Bounty" Segel Richtung Tahiti, um Brotbaumfrüchte nach Europa zu bringen. Auf dem Rückweg kam es im April 1789 an Bord des Schiffes zur wohl berühmtesten Meuterei in der englischen (und Film-) Geschichte.

Einen Beitrag zur spanischen Geschichte leistete die Insel Teneriffa im Jahre 1936, als sich hier General Francisco Franco (1892-1975), damals Kommandeur der Region der Kanarischen Inseln, mit seinen nächsten Offizieren traf, um einen Militärputsch zu planen, der schließlich zum Spanischen Bürgerkrieg führte.

Fast die Hälfte der Inselbevölkerung lebt heute in und um San Cristóbal de la Laguna und Santa Cruz de Tenerife, bis heute die beiden wichtigsten Städte Teneriffas."

Am diesem Samstag fuhren Claudia und ich zu Europas größtem Wasserpark, dem SiamPark. Diese Reise hatten wir schon von zuhause aus bei AIDA gebucht, da wir beide sehr gerne Wasserrutschen mögen. Und wenn es dann schon die Chance gab, den größten Park Europas zu besuchen, dann sollte man sie auch nutzen. Um 10:30 Uhr ging es los. Wir freuten uns sehr auf die größten und schönsten Wasserrutschen. Nach einer Stunde Busfahrt waren wir endlich da. Nun hatten wir fünf Stunden Aufenthalt, um alle Rutschen und das Wellenbad mit 5 m hohen Wellen auszuprobieren. Wir hatten unseren Spaß und probierten nahezu alle Rutschen aus, manche sogar mehrfach. So probierten wir die Rutschen „der Drache", „der Power of Tower", „Mai Thai Fluss", „der Gigant", „der Vulkan", „Wellenpalast", „Naga Racer", „Mekong Rapids", „Dschungelschlangen", „Kinaree" aus. Zum Abschluss schauten wir uns noch die Fütterung der Seelöwen an, bevor es aus dem Park zu unserem Bus ging. Dieser brachte uns um 16:30 Uhr wieder zurück zum Schiff, wo wir um 17:30 Uhr ankamen. Ich nutzte die Zeit bis zum Abendessen, um schon mal meinen Koffer zu packen, denn am nächsten Tag war leider unsere tolle Reise schon zu Ende. Ein wenig Angst hatten Claudia und ich schon, denn wir wussten nicht, ob wir die 23 kg Koffergewicht halten konnten.

Bevor wir uns alle sechs zum Abendessen trafen, ließ ich noch die BellaRose im Blumen Geschäft für den Transport nach Hause einpacken. Sie sollte schließlich die Reise nach Hause überleben, hat sie doch eine fünfjährige Lebensdauer. Die Rose wurde fachmännisch eingepackt, und ich brachte sie wieder zur Kabine. Dann ging es zum Abendessen, das etwas Besonderes war. Nicht nur der letzte Abend an Bord, nicht nur die Verabschiedung von sehr lieb gewonnenen Menschen. Nein, es gab auch „Hummer satt", eine Tradition auf AIDA-Schiffen. Am letzten Abend konnten die Gäste so viel Hummer essen, wie sie wollten. Prima für jeden Fisch-Fan. Aber auch für nicht Fisch-Liebhaber waren sehr leckere

Gerichte am Büfett aufgebaut. Nach dem sehr üppigen Abendmahl gingen wir um 21 Uhr zum Pool-Deck, wo die große Abschieds-Show stattfand. Ich wiederhole mich in diesem Fall sehr gerne, aber das Show-Ensemble bot eine sehr professionelle und schön anzusehende Show. Nach der Show gingen wir noch in die Destille, unseren persönlichen Abschied zu zelebrieren. Am nächsten Tag hatten wir alle unterschiedliche Abflugzeiten, so dass wir uns dann nicht mehr verabschieden konnten. Unser Abschied fiel sehr herzlich aus, und wir vereinbarten ein Wiedersehen noch im gleichen Jahr.

In der Kabine angekommen, konnte ich in Ruhe „AIDA heute" und Hafeninfo Gran Canaria lesen, da Claudia noch ihren Koffer packen musste. Wir wollten die Koffer bis 2 Uhr nachts gepackt vor der Kabine haben. Denn nur dann würden sie vom Personal von Bord gebracht und in einer Halle aufgestellt werden. Um 1 Uhr war es dann geschafft, die Koffer waren vor der Kabine und wir konnten noch die letzte Nacht an Bord genießen. Schade, dass sich der schöne Urlaub dem Ende neigte.

16. Reisetag, Gran Canaria (Las Palmas), Rückreise

Informationen aus dem Hafeninfo Las Palmas:

„Der Legende zufolge sind die Inseln die letzten Überbleibsel von Atlantis, einem Kontinent, der vor langer Zeit im Meer versunken ist. Jüngere Entdeckungen deuten darauf hin, dass die Inseln bereits zur Bronzezeit besiedelt waren. Die Kanaren wurden abwechselnd von den Phöniziern und Römern besucht, letztere nannten sie die „Glücklichen Inseln". Die Ureinwohner waren die Guanchen, die sich den spanischen Eroberungsversuchen für viele Jahre widersetzten.

Im Jahre 1402 segelte eine französische Expedition unter Gadifer de la Salle und Jean de Bethencourt von La Rochelle aus zu den Kanaren und nahm einige der Inseln außer Gran Canaria, Teneriffa und La Palma in ihren Besitz. Bethencourt kehrte 1418 nach Europa zurück und seine Nachkommen verkauften die Rechte an den Inseln an die Spanier, deren Truppen die Guanchen ohne Erfolg zu unterwerfen versuchten. Eine von den katholischen Königen organisierte Expedition unter dem Befehl von General Juan Rejón landete am 24. Juni 1478 mit einer 600 Mann starken Truppe im heutigen Puerto de la Luz. Zu Ehren von Santa Maria de Guia ließ er hier zunächst eine Abtei errichten. Später zog Rejón ins nahe Tal und gründete eine erste Ansiedlung in der Schlucht Barranco de Guiniguada. Hier ließ er die Kirche Santa Ana errichten, in der Kolumbus und seine Mannen an der letzten heiligen Messe teilnahmen, bevor sie 1492 auszogen, Amerika zu entdecken. Die Insel diente in der Folge als Basis, um die Guanchen auf Teneriffa und La Palma – die einzigen Inseln dieser Zeit, die sich noch widersetzten – zu unterwerfen.

Las Palmas wurde später als Außen- und Versorgungsposten für spanische Expeditionen auf dem Weg nach Amerika genutzt. Gegen Ende des 16. Jahrhundert verteidigte sich die Stadt gegen die Angriffe von Sir Francis Drake und später auch der holländischen Flotte unter Van der Doez, der im Jahre 1599 die Stadt plünderte und anzündete.

Bereits 1854 wurde Las Palmas zusammen mit Santa Cruz auf Teneriffa zur freien Handelszone erklärt, was der Expansion dieser Häfen extrem förderlich war.

Las Palmas hat in der Folge keine weiteren historischen Schicksalsstunden erlebt, wenn man davon absieht, dass die Kanarischen Inseln ihren wichtigsten Beitrag für Spanien noch zu leisten hatten. Am 17. Juni 1936 versammelte General Franco die ihm gewogenen Offiziere auf Teneriffa, um den Nationalaufstand vorzubereiten, der den Spanischen Bürgerkrieg zur Folge hatte. Der Hafen Puerto de La Luz (Hafen des Lichts) wurde schon 1882 unter der Leitung des Ingenieurs Leon y Castillo ausgebaut und begrüßt heute als sechstgrößter Hafen Spaniens jährlich etwa 14.000 Schiffe."

Um 6:30 Uhr klingelte unser Wecker. Nach dem Frühstück verließen wir gegen 8 Uhr das Schiff, da unser Transferbus um 8:30 Uhr Richtung Flughafen fuhr. In einer Halle am Kai waren die Koffer, wie angekündigt, aufgestellt, sortiert nach Decks und Kabinen. Sehr gut organisiert, wir hatten sehr schnell unsere Koffer gefunden. Dann ging es zum Bus, mit dem wir zum nahe gelegenen Flughafen gebracht wurden. Als unser Koffer am Check-in Schalter gewogen wurden, zeigte die Waage genau 45,5 kg an, Punktlandung. Anschließend warteten wir auf unseren Flieger und nutzen die Zeit, die Duty-free Geschäfte zu durchstöbern. Nach ersten Informationen sollte unser Flug 1 Stunde Verspätung haben, was sich aber nach kurzer Zeit als falsche Information herausstellte. Wir flogen pünktlich ab, Richtung Düsseldorf, wo wir auch pünktlich ankamen. Nachdem wir unsere Koffer in Empfang genommen hatten, brachte uns mein Vater nach Hause. Ein sehr schöner, erlebnisreicher Urlaub war zu Ende.

Persönliches Fazit einer sehr schönen AIDAstella-Reise

Der AIDA-Urlaub war etwas Neues für mich. Ein ganz anderer Urlaub, als ich es bislang kennengelernt hatte. Das Schöne an dieser Reise war, dass wir in 16 Tagen 9 verschiedene Städte in 5 verschiedenen Ländern erleben durften. Einfach genial, aber auch auf eine gewisse Art anstrengend. Besser kann man aber so viele fremde Städte und Länder nicht kennenlernen. Wir konnten auf sehr angenehme Art feststellen, welche Stadt oder welches Land wir eventuell noch einmal besuchen wollen, z.B. Andalusien mit Cádiz. Wir haben sehr nette Menschen kennengelernt, was auf einem Schiff vielleicht auch einfacher ist als im „normalen" Urlaub. Wir sind happy, dass wir Euch, Evelyn, Silke, Stefan und Heiko, kennen lernen durften. Vielen Dank für die vielen gemeinsamen schönen Stunden und tollen Erlebnissen.

Sicherlich gab es in Richtung AIDA einige kleinere Kritikpunkte, aber im Großen und Ganzen hat die Crew der AIDAstella schon einen guten Job erledigt. Ist sicherlich auch nicht einfach, 2500 Gästen alles recht zu machen. Wir werden sicherlich noch einmal eine Schiffsreise unternehmen, werden aber darauf achten, welche Route gefahren wird und wie viele Passagiere an Bord sind. Denn weniger ist manchmal mehr.